ヘラクレスは繰り返し現われる

夢と不安のギリシア神話

HANDAI Livre 047

大阪大学出版会

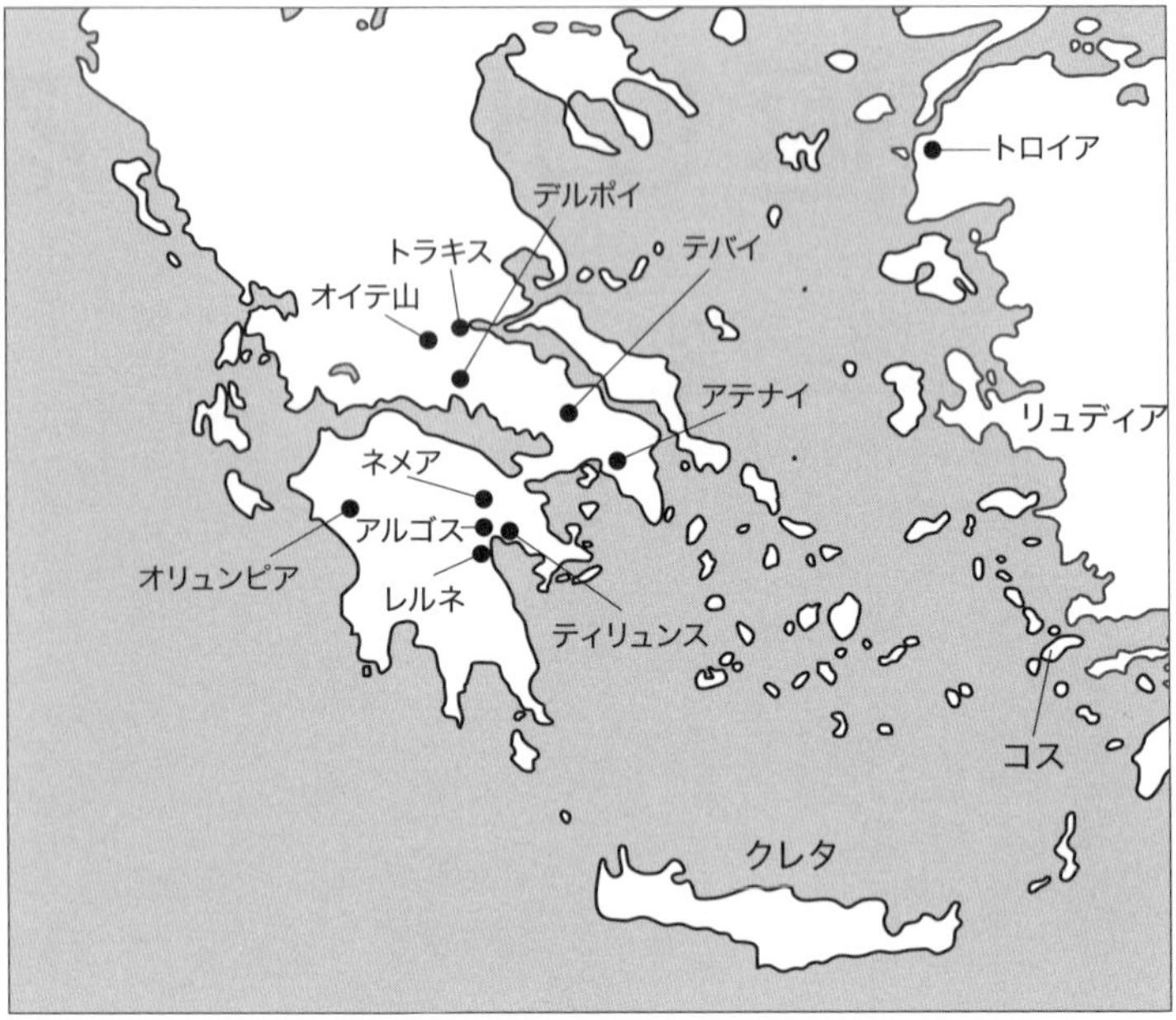

ヘラクレス神話関係のギリシア地図

まえがき

英雄ヘラクレスは、古代ギリシア・ローマ時代から、現代日本を含めて今日に至るまで、繰り返し現われ続けている。それは何故か？　この英雄が、人間の夢・願望と、その裏面としての、存在にかかわる不安心理とを、もっとも良く体現しているからである。彼こそ、「われわれの英雄」と呼ばれるにふさわしい。人類の力があまりにも強大になりつつあると思われる現代においては、いろいろな意味で、なおさらそうであろう。本書では、主に神話心理学的な視点を取りながら、ヘラクレス神話という超時代的・超文化圏的な現象を、主にギリシア・ローマ時代に即して読み解く。

ヘラクレスは、今日では、ギリシアのみならず全世界的な英雄だと言える。そして彼について抱かれているイメージは、筋骨たくましく、男性パワーにあふれた、強健そのものの青壮年ヒーローである。しかし、彼の顔はそれほど単一、単純ではない。

一般に神話によって語られる英雄像には、人々の願望が込められていることが多い。力強いヘラクレスは、何か危機に陥ったとき、頼もしい救済者になってくれるだろうと、ギリシア・ローマ人

ヘラクレス風にライオンの頭をかぶったアレクサンドロス大王
（4ドラクマ銀貨、前3世紀）

女装のヘラクレスと女王オンパレ
（ベルギー出身の画家バルトロメウス・スプランヘル「ヘラクレスとオンパレ」、1600年頃、ウィーン美術史美術館）

は期待した。地中海各地に彼の神殿が建てられ、崇拝され、祈願された。

しかし他方でまた、彼の持つ強い力は、われわれ自身の強さへの願望をくすぐらずにはいない。われわれは誰でも、ヘラクレスのようになりたいという思いを、あるいは少しでも彼にあやかりたいという気持ちを、心の中に秘めているのではないか。

いや、昔から今に至るまで、公然と、自分はヘラクレスだと主張し、力こぶを誇示しようとする人がいる。古代では、アレクサンドロス大王とか、ローマ皇帝とかがそうであった。ときにはヘラクレスの子孫を公称し、ときには英雄のトレードマークである獅子皮や棍棒とともに人前に現れ、ときにはそういう姿を硬貨に刻ませたりした彼らである。

しかし、その点、庶民たちも負けてはい

なかった。彼らにとっても、ヘラクレスは、ロール・プレーをしてそれになりきり、しがない自分を想像上でも超えさせてくれる格好の英雄だったのである。

また、「かよわき」女性も、けっしてヘラクレス願望に無縁ではない。小アジアの女王オンパレは、ヘラクレスとなった。つまり、彼と衣装を取り替え、英雄は女装して糸巻き用の錘《つむ》を持つ一方、彼女のほうは棍棒を手にして英雄となった。女性のボディ・ビルや格闘技が行なわれる現代だが、すでに古代に、運動や体育に打ちこむ女性たちがいた。ヘラクレスは、運動場やレスリング場の守り神であった。彼の像が、体育場に立って、運動する者たちを見守っていたのである。オンパレが力こぶを盛り上がらせることはなかったとしても、少なくとも、英雄中の英雄を女性的魔力で従わせた神話モデルを示している。

しかし、さらに彼は、肉体力だけではなく、知力のモデルにもなった。例えば、有名な哲学者ヘラクレイトスは、小アジア・エペソスの硬貨において、棍棒を持つヘラクレスとして描かれた。ストア派哲学の巨頭クレアンテスも、「第二のヘラクレス」と称された。哲学的議論において、ヘラクレスは、筋肉マンというよりも、英知を極めた賢者として語られることがあったのである。当時の学生は、自分も知的ヘラクレスになりたいと思っていたのではないか。そのような「知の巨人」

ヘラクレスとしての哲学者ヘラクレイトス（エペソス硬貨面の線描画。H. Diels, *Die Fragmente der Vorsokratiker*, 2［Berlin 1912］より）

への憧れも、普遍的・超時代的である。

さらに、その硬貨でヘラクレスとして描かれている哲学者は老人である。天上で女神へべ、すなわち「青春」を妻に娶《めと》っているこの永遠の青年ヒーローを老人として描くのは、より珍しい部類に入るが、彼は、若くして死ぬアキレウスなどと異なり、五十歳くらいまで生きたので、全く反伝統的というわけではない。

もちろんヘラクレスは、彼の像が見守る運動場で汗を流す少年たちの讃仰の的であり、兄貴的存在でもあった。しかしまた、運動する彼らの感情移入が進められて、「少年ヘラクレス」の像も少なからず作られたのである。

人々のどのような願望にも応《こた》えうるのがヘラクレスである。

アリストテレスが伝えるあることわざでは、友人とは「もう一人のヘラクレス」であり、「第二の自分」であると言われている。これを言い直せば、ヘラクレスとは頼りになる友人であり、われわれと心を一つにし合う第二の自分である。ヘラクレスとは、単に拍手喝采する対象としての英雄であるにとどまらず、われわれ自身である。

しかも、人間の願望は、一人ひとりによってさまざまであり、多様に異なるわけであるが、それがなんらかの力への―肉体的、精神的、個人的、集団的、貴族的、庶民的、若年の、老年の、男性の、女性の等々の力への―希求であるという点では、共通すると言えるだろう。こういう点でヘラクレスは、人々の多様な願望を受け入れつつ、それぞれの人間が、それぞれの心の思いを託すよすがになりうる英雄である。

ただ、大英雄には暗い影の要素もつきまとう。彼に対する民衆の憧れは、あまりに傑出した彼の運命について危惧する不安や恐れを引きずっている。彼の神話では、負の面が、輝かしい側面と背中合わせになっている。彼は、赤子のときには、女神ヘラが送りこんだ大蛇によって殺されかけ、長じてからは、女神のせいで起きたという狂気の発作で、わが子たちを自らの手で殺害する。また、ヘラの息のかかったミュケナイ王に仕えつつ、命をかけた難業の数々に向かわされる。ヘラクレスの英雄性が抜きん出ている分だけ、彼の受難も強烈であり、深刻である。しかもそれは外的な運命というだけではなく、英雄の内部そのものにも大きな原因があるのではないかとも疑われる。しかし、絶望に落ち込む彼の行く手には、希望の光も見えている。夢と不安あるいは自己懐疑の中を、絶望と希望の間で揺らぎながら、苦闘しつつ進んでゆく英雄像を、ヘラクレス神話は示している。

ギリシアの英雄中の英雄として、彼にまつわる物語に、ギリシア神話の典型を見ることができるであろう。そして神話には、民衆の願望や考え方が多かれ少なかれ反映されている。ヘラクレス神話を通じ、ギリシア文化全体の特性を見渡すことができる。しかしまたヘラクレスは、けっしてギリシアだけの英雄というに留まらず、現代に至るまでわれわれの間に存在し続けている。

神話を、そこに込められた人々の「夢」や「不安」の観点から読もうとするのは、言うまでもなく新しい方法ではない。しかし、序《つい》でにそれに触れられることはあっても、ヘラクレス神話全体を、一貫してこの視点から考察する研究書はない。専門家たちは、それを当たり前のことと考えているか、やや俗なアプローチ法だとして軽んじているのだろう。しかし、人々の憧れが作り出したこの超英雄の物語こそ、そういう理解の仕方がふさわしい。本書では、ヘラクレス神話全体を、この「夢」という基本観点から考察する。ここで言う「夢」は、深層心理学者が神話の源泉だと唱える文字通りの夢ではなく、大まかに人々の「願望」の謂いである。

本書の前半部では、主に、そういう夢や英雄願望の観点からヘラクレス神話を解明し、それも踏まえて後半部では、繰り返し現われるヘラクレスという現象を、より集中的に論じる。また、ヘラクレスの物語はギリシア神話の「集合体」とも言われるので、ある程度ギリシア神話全体について目を配ることにもなる。

目次

第一章　出世する英雄

ヘラクレスをめぐる夢と不安の物語

この章では、主に、「古典時代」と言われる前五世紀後半のギリシアで、大まかに了解されていたヘラクレス神話の基本型、標準版を見ながら、当時の読者・聴衆がそこから読み取っていたと思われる意義や、そこに込められていた人々の思いを考えることにする。そこでは、伝記的神話物語の形を取りながら、多元的な意味の「出世」が願望的に託される一方、英雄の運命や性質に対する不安も表出される。

1　出世する英雄とその暗黒部

ヘラクレスの人生の三時期と「プラス・アルファ」

ヘラクレスの物語は、その生前の活躍だけを見ると、おおまかに彼の人生の三時期を語っている。そして全体の骨子としては、野生児の成長、青年英雄の苦闘と誉れ、そして大将軍としての大成という一代記にまとめられていると見うる。基本的には、「英雄願望」の一表現である出世物語である。ただし、そこには負の要素もつきまとっている。

その三時期の舞台となる場所もそれぞれ異なっている。各時期に起こった出来事をかいつまんで述べると、以下のようになる。

（i）まずギリシア本土中部のテバイ市に生まれ、成長した時期。ただし両親は、ギリシア南部のアルゴス地方・ティリュンスから逃れてきた人たちである。また、ほんとうの父は、外征中の人間の夫を尻目に、妻と交わった大神ゼウスであった。ヘラクレスは、赤子のときに二匹の大蛇を絞め殺したり、初陣《ういじん》で敵国軍を叩きのめしたりして、早々に力を発揮する。

（ii）次いで、アルゴス地方のティリュンス市に移る。父の故地へ帰ったことになる。領主として、ここを拠点にしながら行動する。このとき、十二の難業ないし試練を果たす。ただしこれは、その地方のミュケナイの王に仕えながら、彼の命令を受けて行なう活動である。他方、アルゴス地方は、後記のように神話的な「都」の位置を占めており、その点から言うと、「上京」の上での華々しい活躍ということになる。

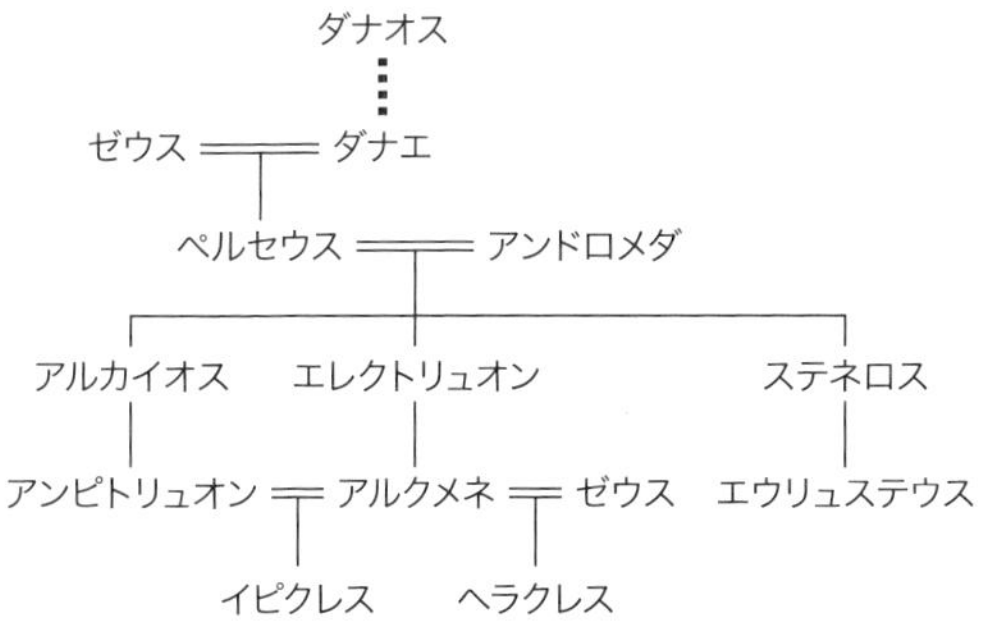

ヘラクレス関連の系図

（iii）それからティリュンスを離れ、各地へしきりと軍を率いて征旅に出かけ制圧してゆく時期で、拠点は転々と変わるが、最後にギリシア中部トラキス市―テバイよりは北方―に住まいを構え、その地方のオイテ山で死を迎える。

とはいえ、ヘラクレスの生涯には「プラス・アルファ」が付く。オイテ山上でこの世の生涯を終えた後、天上に昇り、ゼウ

スやヘラなどのオリュンポス神と席を共にするようになるのである。この第四の時期での、

(iv) 昇天と神々への仲間入り

という運命は、ほかの多くの英雄が第三時期で生涯を限られるのと対照的になる。巨大な「プラス・アルファ」である。

基本パターンと超パターンと

ヘラクレスとの比較が有益なほかの英雄たちの一代記にも、類似のパターンが見出される。例えば、ヘラクレスの曽祖父であり、やはりアルゴス地方の英雄でもあるペルセウスや、その事績をヘラクレスとしばしば比べられたアテナイの英雄テセウス、あるいは、英雄神話によく見られる宝物探究という主題の源流的な「アルゴ船冒険談」のイアソンである。彼らの人生も、おおまかに三部構成となり、ヘラクレス神話の生前の三時期に対応する。パターンをまとめると、以下のようになる。

(A) 幼時の異郷への出離または異郷での誕生、そして成長……故郷とは異なる地へ生まれたばかりの身で送り出される、あるいはそういう地で生まれ、その地で成長し、そこで一定の活躍を

して見せる。

（B）故郷への帰還と王位就任……その後、故郷へ帰り、そこで王位に就く、あるいはそれに近い状況になる。

（C）移住と最期……それから、ふたたび別の地へ移り、そこで死を迎える。

ところがペルセウスたちには、ヘラクレスの第四時期、アルファベットで言えば（D）は語られない。ペルセウスは平穏な晩年を送ったらしいが、ミュケナイ近くの廟《びょう》で英雄神として祀《まつ》られてはいたものの、さらに上の次元の天上神にまではなっていない。イアソンやテセウスには、幸せな晩年すら訪れず、天上の栄光ももちろんない。ヘラクレスは彼らと決定的に異なっている。基本パターンが超越されるのである。

神話学者J・キャンベルは、若者の試練体験を核にした、出離〜イニシエーション（成人儀礼）的冒険〜帰還というパターンを、世界の英雄神話一般に見ようとする。日本の説話学で言う「貴種流離譚」の論は、これとおおよそ通じる。しかし、帰還をゴールとするこういう説では、上記のパターンの前半部分しかカバーされない。つまり、帰還後の運命の再転換、ましてヘラクレス的な最後の救いと栄光は、そこでは考慮されていない。

ディオニュソスやキリストと比べて

最終的な栄光、昇天という点に限ると、ギリシア神話では、酒神ディオニュソスや医神アスクレピオスについても、そのようなことが語られた。彼らも、人間の世界に生まれた後、天上の神の一員になったという。しかし、E・スタッフォードが指摘するように、彼らの死後に関しては、ヘラクレスほどに縷々と語られることはない。ヘラクレスの場合は、生前の長い苦闘の日々と、詩人ピンダロスの言う天上での「久遠の安寧」とのコントラストが強調されるのである。

また、キリストの生涯をヘラクレスのそれと比較することが、一六世紀のフランスの詩人ロンサールによって行なわれたが、すでに古代末期のキリスト教徒たちが、その類似性を意識していた。キリストの一生は、その苦難や、最後の昇天等の点でヘラクレスと似ている。より細かい点で、F・プフィスターという宗教学者は、例えば誕生談に関して、キリストの両親が故郷ナザレからベツレヘムまで移っていた時に彼が生まれた、そして父は人間ではなかった―「聖霊」の子だった―という点を、ヘラクレスの両親がテバイに亡命した後、母が大神ゼウスによって身ごもらせられた、という話と比較する。

しかし、より本質的な出自の点から言うと、両者は似て非なる存在である。キリストは、神的世界から、三位一体論的に言えば神・聖霊と等しい者として地上に降《お》り、人間の胎《はら》を借りてこの世界に現われ、教えを述べたのち天に還《かえ》った。あくまで神的存在である。

他方、ヘラクレスは人間の母から生まれ、人間として生きたという点が、神話叙述の基礎、前提にされる。ゼウスの子として半分は神の本性を持つとは言えるが、「半神」は、ペルセウスを始めとして、ほかにもたくさんいた。この点だけで昇天が約束されるわけではない。

キリストのようにほんらいの神的地位に「戻る」のと、ヘラクレスのように苦労して神の身に「出世」するのとは、大きな違いがある。人間としての努力と苦闘を経て、究極の栄進を成し遂げるのがわれらの英雄である。

しかし、同じゼウスを父とする者たちのうちでもことさらヘラクレスの「兄弟」と呼ばれるディオニュソスや、彼との類似がよく語られるキリストとの比較は、いろいろな点で興味深いので、以下でも折りに触れ行ないたい。

外的な影と内的暗部と

ところで、英雄たちの各三時期の最後では、殺害または横死的な事件が起きることが多い。形式上は、それをきっかけに当の英雄の移住を契機づけるなど、新たな物語展開を促す。しかしとにかく内容的には、劇的な、多くは悲劇的な出来事を語ることになる。

だが、ヘラクレスにおいてはそういう殺害事件は、他の英雄と異なり、いずれも彼自身の手によって親しい者を殺す、あるいは逆に親しい者の手によって彼が殺されるという形になり、いちじるしい特徴を示す。しかも、いずれもそれが、狂気あるいは狂的錯乱の中で起きるのである。

一回目は、彼自ら狂って、わが子たちを手に掛けた。二回目は、彼に好意的だったイピトスという友を殺害したが、これも狂気の中で、という。三回目は、彼に捨てられた妻デイアネイラが、絶望的な錯乱の中で用いた毒薬によって命を奪われる。

二度目、とくに三度目に関してはとくにそうは語られないが、最初の狂気のときは、夫ゼウスの浮気相手の子に対する女神ヘラの怒りのために英雄は狂ったという。しかし、外的に神から狂わされて、という語り方と、内的心理の不条理な衝動に駆られて、という見方とは、神話叙述において必ずしも排除し合わない。つまり、一回目においても、二・三回目と同様、英雄の内部に何か恐ろしい心的作用が働いていたと見ることができる。現代でも、暴力的な事件が、教育環境など外的要因と、内的原因との複合によって起きたと説明されることがある。

当人自身の内部にも源があると思わせるまさしく悲劇的な観念が、憧れの超英雄ヘラクレスにまつわる不安な影を、神話において表出させている。

2　力持ちの野性児たち

「禍いを追い払う者」の人気——アキレウスとの比較

暗黒面に関する話はひとまず措《お》くことにして、ヘラクレスへの憧れという点に戻ると、これは、一般的な英雄讃美・願望の一種である。しかし、これほどに普遍的な魅力を持ち、広範囲な崇拝へ駆り立てた英雄願望はほかにはあるまい。

ここではアキレウスと比較することにしよう。「力の英雄」的性質を如実に示す別の英雄である。ただし、もっぱら戦場での戦闘力である。有名な点ではヘラクレスに並ぶ男と言える。アキレウスは、まだ少年のころにトロイア戦争に参加し、当初から最強の勇士として鳴らした。詩人ピンダロスによると、さらに以前、すでに六歳のころから野獣の狩りを始めたという。そういう野生児的英雄という点でも、赤子のときから怪力を発揮したヘラクレスと通じている。

アキレウスの母方の子孫を名乗ったアレクサンドロス大王は、ギリシアから東征に出かけた際、トロイア地方にあるアキレウスの墓に詣《もう》でた。トロイア人たちを畏怖せしめたアキレウスへの思い入れや、「アキレウス願望」が、大王にはあったと想像される。ほかに、やはり東への領土的野心を持っていたローマ皇帝カラカラも、この英雄に憧れた。

しかし一般には、アキレウスへの憧憬や、彼のようになりたいという願望が広まっていたとは言えない。それは宗教祭祀の観点から明らかである。ヘラクレス崇拝がギリシア・ローマ世界全体に広く普及し、誰もが彼に援助を祈願すると言ってもよいほどだったのと対照的に、アキレウスを崇拝する場所は、トロイア地方や黒海など、範囲が限定されていた。L・R・ファーネルが述べるように、故郷のギリシア北部・テッサリア地方でアキレウスが崇《あが》められていたかどうかという点さえ、確言はできない。崇拝地が少なかったとまでは言わないが、ヘラクレスとは比べものにならない。

その一つの大きな理由は、気は優しく力持ちという英雄と見られていたかどうかの違いである。アキレウスは、『イリアス』で描かれているように、自分の名誉と面子《めんつ》のためには、同胞を見殺し寸前にすることも拒まない人間であった。「アキレウス」の名は、語源的に、「アコス＝苦痛」と関係するという説が古来ある。それが妥当とすれば、もともとは、敵する者たちを苦しめる者になれという命名だったかもしれない。しかし、とにかく彼の本質的性格は、同胞を含む人間たちを苦しめることだと受け取られ得た。

ヘラクレスにおいても、上記のように、暗黒の面が衝動的に現われ出ることがあったが、より基本的には人助けを好み、皆から頼りにされることを愛する力持ちの英雄である。それが、民衆のイメージにおける一般的観念であった。

ゼウスの子、見事な勝利を挙げるヘラクレス、ここに住む。悪しきもの、入るべからず。（カイベル編『ギリシア語碑文エピグラム集』）

「悪しきもの」は、悪霊を意味するらしい。これはポンペイ出土の資料であるが、そのように、民家の入り口の上に、「アレクシカコス＝禍いを追い払う者」という称号を持つヘラクレスの名が、やはり厄払い的な意味を持つ中国の鍾馗像のように掲げられることがあったのである。

文学作品から例を引くと、エウリピデスの劇『アルケスティス』において、ヘラクレスは、死出の旅路に向かおうとするアルケスティスを死神の手から奪い、夫のもとに連れ帰る。「禍いを追い払う者」の活躍と痛快な勝利が、夫の悲しみを喜びに転じさせる。具体的な劇展開にこめられたいろいろなニュアンスは別として、基本ストーリーとしては、愛する者を甦らせたいという夢想を、超人的英雄の勇気と行動力に託したファンタジー作品である。

ヘラクレスは、広範囲の人々に親しみを覚えさせ、頼りにされるとともに、そのようになりたいという気持ちも起こさせる英雄だった。一つにはそれが、折々触れる「ヘラクレスたち」の輩出という現象にもつながっている。

ヘラクレスの元の名は「力持ち」――二人のヘラクレスか？

ところで、ヘラクレスは初めからそう称していたのではなく、元は「アルカイオス」と呼ばれていたのが、のちに「ヘラクレス」に改名したという興味深い伝承がある。

「アルカイオス」は、「力」という意味の「アルケー」という語にちなんだ名であり、その点から、神話人物の名としては――現実の人間の場合よりもいっそう「名は体を表わす」と言えるので――「力持ち」の意味を示唆する。元の名として、「アルケイデス」という別形も挙げられるが、これは、祖父がアルカイオスといったので、その名にちなんだ「アルカイオスの子孫」という意味らしい。いずれにせよ、やはり「力持ち一族の者」の意味合いである。母の「アルクメネ」の名にも「アルケー」の要素が認められ、「力持ち母さん」という態《てい》になっている。

ところで、この「改名」の真相は、「アルカイオス」と「ヘラクレス」とはほんらい別々の説話圏に、つまりテバイ圏とアルゴス圏の話にそれぞれ属していた英雄だったのが、物語が合わされ大きく発展する際に組み合わされたということだと、U・v・ヴィラモーヴィッツ・メッレンドルフは説いた。つまり、二人のヘラクレスがいたという論である。これは、神話の古い発展段階に関する推論であるが、その可能性はある。

ヘラクレスの末裔は、ほんらいなら、「ヘラクレイダイ」と言われるべきである。この名称は、アルゴスやスパルタ等で用いられていた。ところがテバイでは、ヘラクレスの子孫は、「アルカイダイ」つまり「アルカイオスの子孫」と称されていた。この点は、その説の根拠の一つになりうる。「アルカイオス（一族の子）」という名の力持ちは、じっさいに、テバイでの幼少年期において、この名称にふさわしい活躍をあれこれして見せる。他方、より長じてからの「ヘラクレス」は、アルゴスの大女神ヘラにちなんだ「ヘラの誉れ」の意味を示す名の持ち主であり、この女神との関係または因縁を表現する。この関係は、後で述べるように、複雑なものであるが、とにかく「都」での華々しい活躍の背景または枠組みを成す。大女神と結びつける名称変更の点からも、彼の「出世」が示されるのである。

力持ち野性児という普遍的英雄

しかし、いまは、「力持ち」時代に関連することを述べよう。ヘラクレスのような「力持ち」型英雄は、古今東西に多くの類例を持っている。

この場合、説話の伝播や影響ということは考えなくてもよい。「力持ち」の民話は、人々の讃嘆や憧れの民衆心理に源泉を持ちながら、古今東西で独自に自然発生的に語られるようになったのである。ヘラクレス神話の完成形における昇天神話が、せいぜい前七世紀ころにできたのに対し、基層的な「力持ち」の説話は、ギリシアでも、他の地域と同様、いつからとも定めがたい大昔に起源を持っていると考えられる。そういう類例をいくつか挙げてみよう。

ギリシアの別の「力持ち」英雄

まずそれは、ギリシアでも見出される。神話人物としては、アテナイ南西メガラ市の英雄アルカトオスがよい例である。彼は、そこの城壁を建設したなどと言われるが、また、メガラの地を荒らしていたキタイロン山棲息のライオンも退治したことがあるという。やはりキタイロンのライオンを倒したヘラクレスの功績と重なる。このとき、アルカトオスは、そのライオンの舌を切り取って頭陀袋《ずだぶくろ》に入れておいた。するとメガラ王の家来たちが、ライオンの死体を持ちこんで、退治したのは自分たちだと言って手柄を横取りしようとした。しかしアルカトオスはその舌を見せ、自分の働きであることを証明し、褒賞として王女を娶《めと》った。これはグリムのメルヘン「二人兄弟」にも見られるモチーフであり、彼が民話起源的に古いことを示すだろう。

アルカトオスの名には前記「アルケー＝力」の要素が含まれ、ヘラクレス同様、力持ち英雄の一人であったことがこの点にも反映されていると見うる。ライオン退治のモチーフは、力持ち英雄の活躍に格好の材料である。

しかしアルカトオスの話は、神話の人気度という点で、ヘラクレスとの競合に敗れた例と言える。つまりこのメガラ版の力持ちは、われわれにはほとんど知られることのないローカルな人物の域を出ることがなかった。

いずれにせよ、ヘラクレス的英雄はもともとギリシアでも一人ではなかったことが、この例からも知られる。

グリムのメルヘンなど

またグリムのメルヘンで、類例の野性児としてよく挙げられるのは、「力持ちのハンス（強力《ごうりき》ハンス）」である。力持ちのハンスは、少年のときから怪力を発揮し、盗賊たちを懲らしめる。そういう面で、ヘラクレスに通じる活躍をする。

「ハンス」は、「太郎」や「権兵衛」くらいのありふれた名であり、その点からしてすでに民衆的英雄を表わしている。血筋はティリュンスの王子あるいはゼウスの子とされるヘラクレスにも、庶民的側面が見出される。メルヘンの特徴を、W・グリムは、「名なし」「場所なし」「故郷なし」と説明する。その主人公は、とくべつな血筋や高貴な家柄に初めから恵まれている人間ではなく、むしろ一般庶民の一人である。ただ、このタイプの人物の場合、「力持ち」という点でめざましい働きをし、庶民を助けてその喝采を博す。民話人物の「名なし」という特徴は、人物類型という点にも現われてくる。この場合、「力持ちのハンス」から「ハンス」を取って、単に「力持ち」としても、本質的な違いはない。こういう名前の点からいうと、いくぶん特殊な「ヘラクレス」の名よりも、「アルカイオス」に通じている。

ドイツ語圏以外の地域にも、「ストロング・ジョン」、「ジョヴァンニ・ベンフォルテ」のように、各国語風の名の「力持ち」の説話が伝えられている。「ジョン」等も、ありふれた名前である。

呂布か、関羽か？

中国明時代の『三国志演義』で、とくべつ巨漢の人物として描かれるのは、呂布《りょふ》と関羽《かんう》である。前者は、「人中の呂布、馬中の赤兎《せきと》（全身が赤い名馬）」と称され、「怪力無双の豪傑」であった。一丈つまり二メートルを優に超える巨体に、獣面呑頭《どんとう》模様のよろいを着込み、獅子皮の帯をしめていた。他方、関羽は九尺だったというので、呂布には一尺及ばないが、やはり二メートルほどの身長である。張飛とともに、のちの蜀の皇帝、劉備に弟分として従い、彼の野望を助ける。

呂布は、武力の点では傑出している。関羽も張飛も、それぞれ、向かうところ敵なしという猛将だが、彼らが二人がかりで、呂布一人を挟み撃ちにして戦っても、倒すことはできなかった。

しかし他方では、呂布は、勇気はあるが知恵がなく、利益のためには義理を忘れる男と言われる。彼は、養父として使える主君丁原、それからさらに董卓《とうたく》を裏切って殺した。また女色に弱い面があり、董卓を殺したのは、一人の美女貂蝉《ちょうせん》をめぐる彼との確執の結果である。けっきょく彼は家来たちに愛想をつかされ、自分が裏切られて、『三国志』の物語の中で比較的早く姿を消す。

呂布の特徴には、ヘラクレスに関して一般に抱かれているイメージから言って、似ていると思わせる面がある。獅子の出で立ちは、ヘラクレスが、よろい兜《かぶと》の代わりに獅子の頭付き毛皮をかぶっているのに通じるし、巨体や豪傑ぶり、また女好みの点もそうである。

しかし、じつはヘラクレスは、雲をつく大男というわけではなかった。神話記述家アポロドロスによると、一八〇センチ程度の身長である。詩人ピンダロスは、リビアの巨人アンタイオスとの戦闘に関連して、相手と比べ「なりは小さい」ヘラクレスであったと述べている。むしろ、超重量級のイメージが優《まさ》っていただろう。

また、必ずしも無双の勇士として百戦百勝したわけではない。モリオネという双子または「シャム双生児」だったと言われる恐ろしい敵に襲われたときは、いったん苦杯をなめた。彼らとの戦闘で敗走を余儀なくされ、ブプラシオンというところまで逃げて、もう誰も追ってこないのを確かめるとやっと息を継ぎ、そこにあった泉から水を飲んで、甘い水だとそれを讃えたという。その敗走の事件から、「二人（双子）を相手ではヘラクレスもかなわない」という、ことわざ的な句が語られるようになった。また、おそらくその戦闘以前のことだろうが、オリンピック競技でもモリオネに敗れたらしく、「ヘラクレスもたいしたことはない」と言われたという。強大な関羽と張飛の二人を相手にして、全く引けをとらなかった呂布とは異なっている。けっきょく最後に、モリオネを待ち伏せし、不意を襲うことで、やっと倒した。なお第二章でも、英雄の「再生力」の観点から、この話に触れる。

他方、ヘラクレスには、その巨人アンタイオスとの戦いのときに、相手が大地に触れると力を回復するので、ずっと地面から持ち上げながら絞め殺したという、力とともに巧妙な戦法を用いる知恵もあり、エリス王アウゲアスの牛舎掃除の際には、まるで土木技師のような工夫をしてみせる。積もり積もっていた牛糞の山を、近くの河から水流を引いて一掃したのである。ところが、呂布には知恵はないと『三国志』で言われ、それが彼の命取りになった原因の一つに挙げられている。

またヘラクレスは、わが子たちに暴力を振るうといった心的複雑性も持つが、生涯の多くは、人のために働くことで過ごし、そういう点で利他的な一面がある。人々を苦しめていた怪物を次々に退治し、社会に平安をもたらしたのである。ところが呂布の場合、むしろ彼自身が怪物である。

呂布よりも関羽のほうが、ヘラクレス的人物と見うるだろう。生前は人に仕えて助け、死後には神となり、人々の祈願を受ける存在になるという点でも共通する。関羽は、死後、「関帝」として、関帝廟という神殿で祀られる存在になった。日本の中国人街でも関帝廟が見られるというように、やはり人気的な拡がりがある。

忠義の物語の英雄らしく、総じて関羽はまっすぐで剛直な男として描かれるが、人間臭いギリシア神話においては、ヘラクレスという人物には「負」の面も加味され、人格的に複雑になっている。しかし、説話的な基底においては、気の優しい力持ち英雄として両者を並べうる。半ば歴史的で伝説的な『三国志』に登場する人物を民話的類例として引くのは、その限りで許されるだろう。

金太郎の出世物語

わが国の例として、ここでは、民話的人物としてとくに参考になる金太郎（金時）に触れることにする。われわれの知る金太郎伝説は、江戸時代初期の成立であることを鳥居フミ子が明らかにしているが、いずれにせよ、大衆のスーパーヒーローへの願望が与《あずか》って成さしめた話という基本点は、ヘラクレスの場合と同然である。

『前太平記』によると、足柄山に住む山姥《やまうば》が、赤竜と交わる夢を見て生んだ子という。山姥は、山の自然を支配する「山の神」に通じ、半ば人間的、半ば化け物的なイメージを有している。金太郎は山中で成長し、年少のときから怪力を発揮して、熊と相撲を取るなどの遊びをして過ごした。怪童丸とも呼ばれる。この名称の使用自体は近松門左衛門以来らしいが、その基の観念はもっと古いだろう。長じて、源頼光の四天王の一人となって活躍したという話になるが、特定の史実が発展したというよりも、ほんらいは、怪力的な自然児の説話だったと見られる。

赤竜を父とする説は、大地との関連性をうかがわせる。山姥は、大地の豊饒にかかわる側面を持つ女神だったと吉田敦彦は説く。他方、ヘラクレスの母アルクメネも、もとは大地母神の一種だったかもしれない。アルクメネの名前には、前記のように、「アルケー＝力」の要素が含まれていると見られ、これ自体が、彼女を、万物の生命力の源である大地と関連させる。金太郎やヘラクレスは、自然の大いなる力への讃美を含意する環境の中で成長する。

しかし、遠い説話起源に関する議論は別として、ここでは、とくに、出世物語という特徴に注目したい。山奥育ちの金太郎は、やがて京に出て、名だたる武士の一人となる。比較のために言うと、鎌倉時代の武将、朝比奈義秀も、怪力などの類比点を見せるが、その伝説では、野生児の出世物語的側面は語られない。また、桃太郎の話は、柳田國男が言うように、当初は全く目立たなかった者が偉大になる「小《ちい》さ子《ご》」の説話であり、力持ち型でもなく、種類が異なっている。

他方、ヘラクレスの場合も、その骨格だけを見れば、まずテバイで誕生して驚異的な若者に成長し、次いで、神話的・伝承的により大きな「都」であったアルゴスへ上京する。「十二難業」の遂行による大活躍を果たし、最後に、より後背地的な、しかし広大な地域を拠点として「大将軍」となるのである。

ただ、一般にギリシアの英雄物語でよく導入される殺害事件がヘラクレスの場合にも語られ、しかもそれがほかの英雄よりも飛びぬけて悲劇的に深刻であるという点が、金太郎的にまっすぐな「出世物語」と異なってくる。

3　暗黒の運命とそれをはねのけるタフさと

狂気の発作と子殺し

偉大な人間には、それだけ強烈な逆境が襲いかかるものと信じられた。それは、古代ギリシアの擬人的思考法から、「神々の嫉妬」と言い習わされる。神々にも匹敵する力を示す人間、あるいは人間の分際を越えようとする者には、彼らからの妨害や懲らしめが起きると考えられた。超英雄が、そういう過酷な運命に見舞われるのは不思議ではない。

「禍いを追い払う者」ヘラクレスは、不可解・不条理にも、彼にいちばん守護されるべきわが子たちを、自らの手に掛けて殺す。夫ゼウスの浮気に発するヘラの嫉妬によって引き起こされた狂気の発作によるという。英雄は、その後自分から亡命し、祓い清めを受けた後、デルポイの神託に従ってティリュンスに移り、罪滅ぼしの難業を果たすことになる。

それは、民話的には、「継母」の憎悪というモチーフを含む。しかし、ゼウスの浮気相手の子と言えば、例えばアルゴス王女ダナエから生まれたペルセウスもそうであるが、彼に対するヘラの迫害はとくに伝えられない。ヘラクレスは、ヘラに刃向う振る舞いをそれまでにしたわけではない。ただゼウスの浮気相手の子という理由だけから迫害される形であり、不条理に過ぎるという感を与える。

「ヘラクレス・コンプレックス」——内面の暗部

他方、すでに触れたが、人間の重大な行動を決定する要因を外部の力の作用だけに求めるのではなく、むしろ多元的に、当の人間の精神状態や内的衝動にも一因があるとする考え方がギリシアにはあった。例えば悲劇作家アイスキュロスは、「人間が（何かの行為へ）急ぐときには、神もそれに手を貸す」と述べている。そして、ヘラクレスの狂気を描くエウリピデスの悲劇『ヘラクレス』で、

凶行の後、正気に返った彼に、父は、

お前と、その弓矢と、陰で操っている神とが

できないのである。

子供や妻を殺したと告げる。子たちを殺した弓矢が、英雄自身の力に操られていたことを、否定は

自分自身に等しいと言える愛する家族に、自分の暴力を向けるこの暗黒の衝動を、ヘラクレス神話は恐怖をもって語っている。

神話的要因を全く排除しようとする試みも古代にあった。ヒポクラテス派などの医学理論では、ヘラクレスの発作をてんかん症状として生理学的に説明し、しかもそこに神的な力を認めずに、てんかんは世に言う「神聖病」ではないと唱えた。英雄の狂気を「黒胆汁（メランコリアー）」という分泌物のせいにする見解もあった。

これは物質的あるいは器質的原因論であるが、近年では、神話的原因は考えないものの、非物質的契機あるいは英雄の暗黒の内部に改めて注目して、「ヘラクレス・コンプレックス」という心理学的アプローチ法を適用する試みが行なわれる。エウリピデスの『ヘラクレス』や、それを利用したセネカの『狂えるヘルクレス』の話では、英雄は、十二の難業の最後の試練である冥界行を果たした直後に狂気に襲われ、わが子たちや妻メガラを殺す。この狂的発作は、ヘラクレスの「誇大妄想」、

すなわち、つねにより大きなことを目指す強い野心に由来する自己プレッシャーや、難業を果たす諸試練の連続によるストレスの蓄積から来た、などと論じるのである。

「ヘラクレス・コンプレックス」が、現代の人間にまつわる問題でもあるという点について、近年ではK・ライリーも論じている。これは、後記「エピローグ」で取り上げる。

「子だくさん」の英雄のタフな力

愛する家族を滅ぼしたヘラクレスは、うちのめされはしたが、やがて立ち直る。ところで、ヘラクレスというマッチョ的英雄は、その生涯において、数えきれないほどの男子をもうけた。「マッチョ」の語は、「マスクリーヌス＝男性的」というラテン語に由来する。「マッチョ」の語意義そのものとはずれてくるが、神話上、ヘラクレスが、男の子ばかりをもうけ、女の子は生涯で一人しか作らなかったという点が古代ギリシア人に注目された。これは、第二の妻デイアネイラから生まれたマカリアという娘である。しかし、彼女も最後は、一族のため、一種男性的な自己犠牲に走る。それはともかく、子福は英雄願望の一つの表現である。そして男の子は、家を相続し、その繁栄を担う者である。

わが子殺しのギリシア神話では、一家を継承すべき男の子たちが被害者になる。ヘラクレスの場合もそうである。狂気に陥らせた上で、自分の男の子を自ら殺させるというのは、神による最も残酷な仕打ちであろう。男子の多産を誇る英雄の一族が栄えることをヘラは憎み、このような形で彼らを屠らせて、運命の残虐な暗転を図ったのかもしれない。

しかし、それでも、神々の女王ヘラの復讐は中途半端に終わった。例えば、女神レトよりも子供に恵まれていると自慢したニオベは、女神の子アポロンらの怒りによって、子たちとともに一家皆殺しにされる。ところがヘラクレスの場合、いったんわが子たちを殺した彼は、その後、人生の大成期というべきトラキス地方での生活において、新たな妻から新たな男子ヒュロスをもうけ、そこから「ヘラクレス一族」という華麗な子孫が生じることになる。英雄一家を将来にわたって抹殺するという目的であったなら、女神の企ては十分な成果を挙げなかったことになる。

ヘラの迫害にめげず、あるいは自分の内部に巣食う暗黒の力に絶望せずに、その後も一族を生み続けたヘラクレスは、その人生全体を貫く忍耐力や堅忍不抜性、また逆境をはね返して生き抜く精神力を、この面でも実証している。

「改名」と移住――絶望と希望と

それはともかく英雄は、その殺害事件をきっかけに移住せざるを得なくなり、アルゴス地方のミュケナイ王エウリュステウスに仕えて罪滅ぼしをすることになった。無報酬であり、しかもその王は、自分よりもずっと弱い臆病な男である。

そういう屈辱的な、一種の奴隷奉公ではあるが、それは彼自身にとって、必ずしも無意味な仕事ではないという可能性を持つ。それは、人々に害を及ぼす巨大な怪物たちを倒すといった英雄的行為になり、それを成功させれば、人類の恩恵者という感謝を受けるとともに、テバイ時代におけるよりもいっそう高い名声と誉れを得ることになるだろう。さらに、神託を通じて、それを果たせば不死の者になれるとさえ約束される。その意味で、彼の味わった悲劇は、はからずも、出世と栄光を準備する機会を与えたのである。

テバイの「力持ち」という民話的な英雄が、偉大な女神の名の一部をもらう「改名」を伴いながら、より「都」的な場所、アルゴス地方に移って、労苦とともに真価を発揮するという展開になる。その移住のきっかけは、悲劇的な種類のものであった。しかし、移住後の生活には、とにかく新たな希望の芽が含まれている。

改名そのものは、古代においてよく行なわれた。神話例では、アキレウスもそれ以前は別の名「リギュロン」だったと言われ、現実例としては、哲学者プラトンが、年少の頃は祖父と同じ「アリストクレス」という名だったという。

改名は、人生の新たな展開や転機、希望とつながりうる。ヘラクレスの場合は、予言神アポロンの神託に基づいて行なわれた。アポロンの巫女は、そのとき初めて彼を「ヘラクレス」と呼び、今後はティリュンスに住むこと、エウリュステウス王に仕えながら、彼に課せられる難業を果たすことを命じた。そして、そのようにして諸難業を果たせば、彼は不死の者になるだろう、と告げたのである。

この託宣では、「難業」と神格化とが結合されている。難業を遂行する苦闘と、それを通じて人々の生活に平安をもたらす働きとが評価されることになる。この一種神学的な展望によって、ヘラクレスの苦闘の生涯に意味が与えられようとする。

4 「ヘラの誉れ」という名の英雄

ギリシアーの「都」アルゴス

英雄が移住するアルゴス地方の代表的な都市として、ミュケナイ、アルゴスやティリュンスがある。

ミュケナイは、ホメロスによって、「黄金に富む」都と謳われた。ヘラクレスを自分に仕えさせたエウリュステウスはこのミュケナイの王であり、トロイア遠征軍を総指揮したアガメムノンもミュケナイの王であった。前者はペルセウスの一族、後者はその没落後に当地域を掌握したペロプス一族に属するが、いずれも強く広大な支配権を誇り、ティリュンスやアルゴスをも服属させていたらしい。

それはミュケナイ時代のことである。しかし、この時代の末期からミュケナイは零落し始め、前一一〇〇年ころまでには寂れた町になってしまった。代わりに権勢はアルゴスへと移る。アルゴスもミュケナイ時代から栄えていたが、前一〇世紀ころから隆盛を見るようになる。とくに前七世紀に、ペイドンという、ヘラクレスの子孫を名乗った僭主が治めるようになると、アルゴスを当時のギリシア第一の強国にした。彼はスパルタ軍を破り、ペロポネソスの度量衡の方式を定め、さらにオリンピック競技の運営にも容喙《ようかい》して、自分をその管掌者にした。しかし、前六世紀にはアルゴスはスパルタに権力を譲るようになり、国際政治の第一線からしりぞいてゆく。

ティリュンスも、ミュケナイ時代に繁栄した国である。しかし、政治的に、ミュケナイの主要港としてそこに従属する地位にあったようである。前一一世紀ころには零落し、前五世紀にアルゴスによって破壊された。ちなみにM・P・ニルソンは、ティリュンス王ヘラクレスがミュケナイ王に仕えるという神話には、ミュケナイ時代における二国の主従関係の史実が反映されていると見ている。

ヘラクレス型の英雄の神話は、ミュケナイ時代あるいはそれ以前から複数の地で発生し、ミュケナイ文明崩壊後の暗黒時代末から前七ないし六世紀にかけ重要な変更と発展を経験しながら、前五世紀までに一つの物語へ統合され完成されたと見られる。

その際、この英雄の若さと豪勇を最高に発揮させる晴れの舞台として、アルゴス地方が適していた。ミュケナイは、後代においても、ホメロスの叙事詩を通じて神話的なオーラを保持していたし、アルゴスは、前七世紀ころには、そのように現実に強大な国力を誇った。神話・伝説的な意味で、全ギリシアの「都」というべき土地であった。

大女神ヘラ

さて、ヘラクレスがこの「都」で頭角を現わすといっても、世俗的「出世」や栄光はとくに表に出されない。むしろ、多頭のヒュドラ退治など、神話的な情景の中での神話的活躍が謳い上げられる。それは、女神ヘラとの関係と密接につながっている。この地方には、古い歴史と高い威信を誇ったヘラ神殿があった。

ギリシアで崇拝された数多くの神々のうち、ヘラは、神々の女王としてもっとも重要な一人である。アルゴス市とミュケナイ市との中間にあった壮大なヘラ神殿は、ギリシア最古クラスの神殿と言われる。そこに、玉座の上の座像として置かれていた華麗で大きなヘラ像は、この女王の威厳をいかんなく表わしていた。これに関して、地誌記述家パウサニアスは、

女神ヘラ（「バルベリーニのヘラ」。ローマ時代のコピー、原作は前5世紀（アテナイ）か。ローマ・バルベリーニ家旧蔵品、現ローマ・バチカン美術館）

大きなヘラ像が玉座に座っている。像は黄金・象牙造りでポリュクレイトス（前五世紀の彫刻家）作。……ヘラ像は片手にざくろ、片手に玉杖を持つ。……話によると、玉杖の上に止まっているのは、かっこう鳥である。ゼウスが処女のヘラを恋して、この鳥に姿を変え、

女神はこれを捕えて愛玩した、という

と記している（『ギリシア記』、飯尾都人訳）。ここでは神々の王ゼウスが、あたかもペットの鳥のように大女神に付き添い、かわいがられている。

彼女は、古代世界で広く崇拝されていた大地女神の中でも、とくべつ偉大な女神であったと考えられる。

女神の憎悪の背景

ヘラクレスは、生まれてすぐにヘラから大蛇を送り込まれ、殺されそうになって以来、ずっと迫害され続ける。あるいは、母の胎内にいたときからすでに睨まれていた。誕生を遅らされ、ほんらいは彼のものだった王権を、エウリュステウスに取られたのである。他方では、ヘラクレスが女神の胸を矢で傷つけたという話すらある（『イリアス』）。女神の憎悪や両者の敵対の原因は何なのか？神話的には、夫ゼウスの浮気相手の子にヘラの嫉妬が向かったとされるが、彼女の悪意は、説話レベルを超える奥深い背景にもその原因を秘めているかもしれない。ここでは、本書の旨《むね》とする神話心理学的議論をいっとき離れ、宗教史的な視点からヘラとの関係を考慮して、ヘラクレス神話を理解する補いにしたい。

ヘラは、起源的に、大地女神の一人であったらしい。生命の豊穣に関連するゼウスとの「聖婚」

の話が宗教儀式としても伝えられること、アルゴスのヘラ神殿で飼われていた聖なる雌牛のこと、女神の乳房からほとばしった乳が「乳の河」（銀河）を成さしめ、そこから滴ったしずくからユリの花―ヘラの聖花―が生え出たという話、お産の女神エイレイテュイアを通じて出産に関係しているという点などが、論拠に挙げられる。

ところで、大地女神は一人ではなかったと考えるべきである。多神教的土壌から、ある程度似た神々が独立発生したと見られる。彼女たちは、地方ごとに、さまざまなヴァリエーションのもとで崇拝された。たとえばテバイでは、ゼウスの愛を受け、ディオニュソスの母となったというセメレがそれである。セメレという名は非ギリシア語だが、まさしく「母」の意味を持つらしい。

ヘラクレスの母アルクメネも、もとはやはりテバイの大地母神であったろう。彼女は、現実の祭祀において、テバイで広く崇拝されていた。彼女の名前が含意する「アルケー＝力」は、大地の生命力の充溢《じゅういつ》を表わす。

しかし、そういう女神同士のさや当ても起きやすかったはずである。例えば、トロイア戦争では共同歩調を取ることが多いヘラとアテナも、ときには互いに微妙な関係になる。ゼウスがアテナを単独でもうけたことに怒ったヘラが、今度は彼女一人でヘパイストス神を、あるいは怪物テュポンを生み出したという。アルクメネとヘラとの関係も、古くから、ライバル的であり得ただろう。相手に息子があれば、女神同士の反目は、彼に対する憎悪へ容易に転化しうる。

そこに、新しい時代の要因が加わることになる。紀元前二千年代前半に、ギリシア人の先祖たちが、バルカン半島へ侵入を始めた。彼らは、父なる神、また天空神でもあるゼウスをまつる人々だった。他方、それより何千年も前から、大地女神の崇拝を基礎とする社会が、バルカン半島一帯に、アナトリアやオリエントとは無関係の独自の文化を形成していたという先史的状況が、先史考古学者M・ギンブタスらによって唱えられる。

ギンブタスの理論は批判も受けているが、少なくともギリシア神話で見出される神々間の確執の話には、しばしば、それ以前からギリシアに住み着いていた人々と、そのように新たにギリシアに侵入してきた民族との出会い、衝突や、融合の歴史がある程度反映されていると見るのは妥当であろう。

ヘラは夫ともしばしば衝突するが、そういう神話を、H・J・ローズは、ゼウスとヘラとの、起源を異にする「二つの崇拝が、十分に融合していない時期のかすかな記憶」を反映すると述べている。これは、少なくとも部分的には正しい説明と思われる。アルゴス地方では、ヘラが大女神として、後々まで宗教的に君臨していた。ゼウスが、とりあえず配偶者として、すでにミュケナイ時代からあてがわれていたようだが、女神の神殿で可愛いカッコウ鳥として彼女に付き添っていたように、威張った存在ではなかった。他方、テバイ周辺では、アルクメネやセメレは、より素直にゼウスを受け入れたようである。地域間の温度差の違いが、古くからの対立を、より煽《あお》ることになる。

以上は、先史的背景の推測だが、神話のストーリーに即して言うと、大女神ヘラは、強大な悪意を、ゼウスの浮気相手の子に向ける、しかし、予言神アポロンと、その背後にいるゼウスが、アルゴスでの奉公をヘラクレスに命じる。これは、大局的に、それを通じてヘラの怒りを和らげようという計画によると見られる。じっさい、難業完遂後、第三時期において、ヘラの怒りがあまり発現しなくなるのは、これと関連するだろう。難業完遂後に天に昇れるだろうという予言は、要するに、それを通じてヘラと宥和することができるという見通しを語っていたのである。

そして、宗教的観点に戻ると、いま述べた崇拝上の軋轢の解決も目指されることになる。ヘラクレスの父たる大神ゼウスと、神々の女王との仲の良さが、地上の人間にとって切実な問題であることは言うまでもない。ゼウスたちが、この世界を管理しているからである。ヘラクレス対ヘラの問題は、この意味で、神々および人間の世界の、宇宙的平和の問題である。

しかし同時に、英雄自身にとっては、ヘラの迫害は、いわば運命の巨大な悪意を克服することで、それだけ偉大な力の持ち主であることを証明する機会を与えることになる。十二の難業そのものは、不条理に悲劇的な事件ではなく、生命の危険は伴うものの、まさにそのゆえに英雄としてやりがいのある課題の数々になっている。そういう栄誉の機会を与えたのも、アポロンの神託を通じて指導した父ゼウスであった。

「ヘラの誉れ」という名――女神に仕えつつ誉れを挙げる英雄

テバイの「力持ち」アルカイオスは、アルゴスの時期から改称する。「ヘラクレス」という名は、「ヘラ」および「クレス」との二部分から成っている。その後半部「クレス」は、「クレオス＝名誉」

と同源である。他方、前半部「ヘラ」は、女神ヘラの名に由来すると見られる。したがって、「ヘラクレス」とは、「ヘラの誉れ」という名の英雄である。しかし、これには二方向の意味がありうる。

一つは、受動的に、「ヘラから誉れを与えられる者」といった意味である。現実の人間の名前で言うと、例えば「ヘラクレイトス」の名には、ヘラの神助で誉れを挙げ、成功をおさめる人間になってほしいという親の願いが込められている。ほかに、「ヘラから授けられた子」の意味の「ヘロドトス」あるいは「ヘロドロス」という名も参考になる。

他方、能動的に、「ヘラに誉れをもたらす者」という意味ともとりうる。例えば、トロイア戦争の英雄パトロクレス（パトロクロス）の名には、前半部に、「父」の意味の「パトロ」を含むので、この名は、「親の七光り」的にも解しうるが、他方では、戦士として能動的に、父祖の名誉を高める活躍をしてほしいという祈念も込められているであろう。「パトロクレス」は、したがって、両方向的である。

オーストリアの学者W・ペッチャーは、起源論として、「ヘラクレス」の名もそのように捉え、それは「ヘラを通じて自分の誉れを得、またそれを通じてヘラに誉れをもたらした者」、「自分とヘラとに誉れをもたらす者」のことであると説明する。彼の説では、説話起源論的に、古層のアルゴス神話において、女神ヘラに仕えていた原型的英雄が、その活動を通じて女神と自分とを輝かしめる、という話になっていたと理解される。信仰共同体にとって、信者の名誉ある働きは、その神の名声に寄与し、神殿の威光にも影響する。またペッチャーは、この初期の説話では、女神とヘラクレスとの間にまだ敵対関係はなく、友好的だったが、その後、物語を受容する側の「誤解」によって、若者に苛酷な試練を課す女神は悪意的存在と解されるようになったと説く。

しかし、起源論は別として、古典時代の標準的な神話では、ヘラクレスは、アポロンの神託を受けて、宿命的な憎悪を向けるヘラの本拠地アルゴスに踏み入り、ミュケナイ王とその操り手ヘラとが課す難題を次々克服し、英雄的名声を挙げながら、運命の苦境の中で自ら道を切り開いて、女神との和解も進めてゆくことになる。「ヘラクレス」の名は、「ヘラを通じて誉れを得た者」という意味であると、詩人ピンダロスは解した。これは、ペッチャーの説とは別の意味で、受動的かつ能動的である。古典期の神話では、すでにヘラクレスは、ヘラから憎まれる者になっている。しかし、ヘラから与えられる試練を逆によい機会として活かし、果敢に挑戦して克服することで、栄誉を成し遂げるのが彼である。禍を転じて福となした英雄である。

十二の難業と苦闘

ティリュンスを拠点としてヘラクレスの十二の難業が行なわれる。ティリュンスは、彼の先祖ペルセウスがかつて支配し、父が以前に領地としていた場所である。ヘラクレスは、先祖の故地へ還った形になる。しかしこれは、ミュケナイ王に服従して、諸試練を果たすためであった。王の指示に従い、世界各地へ冒険旅行をするわけであるが、彼が退治したり捕えたりした怪物たちは、原則として、そのつどミュケナイに持って帰り、王に見せた。旅行の合間には、あまり長い休暇は得られなかっただろうが、ティリュンスの城に滞在して息を継いだわけである。

どういう活躍がそこに数えられるか、どういう順番にされたか、という点もある程度流動的だが、難業の数も初めから十二と決っていたわけではない。より古い説話では、十だったのではないかとも考えられている。十二にまとめられたこと、また、その中に入れられる冒険が固定されてくるのは、やっと前五世紀ころと言われる。また十二になったのは、前五世紀建造のオリュンピア・ゼウス神殿で、英雄の活躍が浮き彫りにされたとき、そのためのメトープ（壁面上部）が十二面だったから、という物理的な理由を考える説もある。

しかし、第二章で触れるように、十二の難業の最後の部分で、死の克服に関連するテーマが三度も繰り返されるので、数的拡張はこれとも関連する可能性がある。永生願望が、しつこく、繰り返し表現されるのである。

なお、この時期の活動に関連して、十二の「功業」という表現がわが国では一般的になっているが、原語の「アートロイ」は、基本的には、困難な仕事、課題の数々という意味である。しばしば、「これこれのアートロス（単数形）を課せられた」とか、「つらいアートロイ」といった表現がされる。もちろんそれが成功すれば、結果的に栄光をもたらす「功業」、功《いさお》の業《わざ》になることは確かであり、栄誉のためにそれを自ら望んで引き受けるということも一般的にはありえる。運動競技関連で言えば、「アートロン＝賞品」を得るために自ら努力する行為が「アートロイ＝競技」である。しかし、ヘラクレスの場合は、他から課せられる仕事であり、こういう点から言って、得られた結果を表わす「功業」とするよりも、現在形的にそれに取り組むことになる「難業」あるいは「試練」と言うべきである。

ただ、別の観点から言うと、ヘラクレスの苦役は、単なる罪滅ぼしの行為にはとどまらない。一つには、人々に害を及ぼしていた怪物を退治するなどのこのときの働きを嘉《よみ》して、ゼウスは最後にヘラクレスを神とする。つまり、それは結果的には、やはり偉大な功績として評価された、ということになる。ところが、そもそもそれに取り組むことになったのは、わが子殺しという悲惨な事件をきっかけとする。超英雄が奴隷奉公をしたりするなど、ヘラクレス神話全体に、パラドックス性が認められるが、それがここでも現われている。しかしこの神話では、絶望の中からの、苦闘を通じた希望と再生というテーマが追求されているのである。

5　力の英雄と女性たち

力の英雄と女性たちとの関係

ヘラクレスの人生の苦闘は、多くの点で、女神ヘラとの関係に由来する。それは、神の迫害または「運命」との争闘という意味次元を含む。しかし、一面ではそれは、継母との折り合いの付け方という意味も持つ。

その他の点でも、ヘラクレスの物語は、家族内の人間関係の問題を含み、家族問題の神話モデルとなる。オイディプス神話におけるような親子関係の問題というより、力の英雄が、近い間柄の女性とどうかかわるかという問題が、繰り返し表現される。

ヘラに迫害されるヘラクレスは、逆に、女神の胸を矢で射て傷つけたとも言われる。しかし女性は、腕力的にはかなわなくとも、けっして弱くはない。この点に関し英雄には、内省や自制が求められるであろう。

ヘラクレス神話あるいはギリシア神話全般に、家族関係という主題があるというP・E・スレーターの見方は有益である。家族内の問題は、心のあり方と密接に関連する。この神話では、超英雄を脅かす彼自身の内部の問題も考察される。


「再度の狂気」――愛に敗れた英雄の狂暴とやけっぱち

かつて狂気の中でわが子を殺したヘラクレスは、その後ふたたび狂って凶行をなしたという。十二の難業は、子殺しの罪滅ぼしとして神に課せられたものであり、その完遂は、清めと解放を意味する。それを果たした彼は、まず、忌まわしい記憶を消そうとして、妻メガラを甥のイオラオスに譲った。それは、新たな人生を始めようという決意によるのだろう。それから、別の妻を得ようとして、オイカリアという地の王女イオレに求婚した。もともと彼女に強い愛情を抱いていたという。

しかし彼は、王女の父のオイカリア王や、兄弟たちによって、屈辱的な形で追い払われる。前の妻との間にできた子供を殺した男が、また同じ振舞いに及ばない保証はないとも言われたという。

「再度の狂気」の事件は、この求婚の失敗の後に起きる。その地の雌牛たちが、誰かによって盗まれた。王たちはヘラクレスの仕業と疑ったが、王女の兄イピトスだけは彼の罪ではないと考え、弁護してくれた。その後イピトスはヘラクレスと出会い、ティリュンスで歓待されたが、ヘラクレスはふたたび狂気に襲われ、彼を城壁の上から突き落としたという。親しい者に対してふたたび犯す、不条理な殺人である。

異伝では、求婚して拒絶されたとき、怒り狂った英雄が、王たちのほか当の王女まで射殺そうとした、あるいはじっさいに殺してしまったという。イピトスは、心理的代替によって、愛する王女の代わりに殺されたのかもしれない。

ヘラクレスは、この後、精神的な病におちいった。そこでアポロンの神託に頼り、それを癒そうとする。ところが最初はアポロンの巫女《みこ》が託宣することを拒んだ―そのイピトス殺害に神も憤慨していたということだろう―、それでヘラクレスが怒り、自分で神託所をもうけると言って、巫女が坐る聖なる三脚鼎《かなえ》を奪おうとした。アポロンと争い合いになったのを見かねて最後にゼウスが和解させた。

ここでは、英雄のやけっぱち的な行動を描いて、彼の精神異常をそれだけ強調するが、同時に、アポロンも見放しかけた中を救済する父ゼウスの守護が改めて確認される。ゼウスの意を受けて、アポロンは、英雄の罪滅ぼしのため、二回目の奴隷奉公を課すのである。

女王オンパレとの「婦唱夫随」関係

今回の神託では、小アジア・リュディアの女王オンパレに奴隷として売られ、三年間―別伝で一年間―仕えることが命じられた。かの地では、当初は、同じ身分の奴隷女と所帯を持ったらしく、子ももうけている。しかし、その後オンパレにその働きぶりを認められ、彼女が出す課題を次から次へ果たす活躍ぶりを讃嘆されるようになって、とうとう女王といっしょになった。そこから、有名なクロイソス王の祖に当たる子たちも生まれたという。

この一時的結婚のエピソードは、少し先取りして述べると、その後ギリシアに戻ってから彼の伴侶になるデイアネイラとの間柄と対照性を示す。

オンパレには従順に仕え、命じられるまま、近辺の賊たちを平らげてやった。元々奴隷奉公の身なので、自分から余計な振舞いはせず、英雄の好き勝手な振舞いは控えられた。ところが、それからギリシアに還ってからは、彼の自由奔放さがふたたび解き放たれたようになる。次々に行なう遠征行為の数々は男らしい意欲によるものとしても、最後に王女イオレを、妻デイアネイラのいる家に引き入れようとするに至って、家庭内の平和を破滅させることになる。ヘラクレスの生涯の大きな流れの中で見ると、英雄と妻との関係が対比的になる。さらに、デイアネイラの後で天上の妻となるへべとの関係とも比べ合わせられる。これは、上記の家族問題の主題と関連する。あるいは、この英雄が体現する男性原理と、彼が関係する伴侶たちによって表わされる女性原理との融和の問題にもつながる。

オンパレ神話に戻ると、ここでは、二人の「夫唱婦随」ならぬ「婦唱夫随」的な関係がクローズアップされるようになる。前五世紀の喜劇で、当時のアテナイ政界のボスであるペリクレスが、家庭においては、やはり小アジアのミレトス出身である遊女アスパシアに操られていると揶揄された。男を支配する女という意味で、彼女に、「新たなオンパレ、ヘラ、あるいはデイアネイラ」というあだ名が与えられた（プルタルコス『ペリクレス伝』）。

オンパレとヘラクレス（2世紀のレリーフ。ナポリ国立美術館）

　そのように滑稽な主題にされやすいが、他方では、エロス的な要素が強調されることもある。ヘラクレスは、オンパレへの愛の虜となり、息子ももうけた、彼女を愛していたので、オンパレが要求することは何でも行なった、贖罪のための奉公ではなく、愛ゆえの隷属だったと、前四世紀のパライパトスは述べ、ひたむきな純愛的性質を強調している。しかし、力の英雄が女性に仕え、身を捧げるという構図は、すでにそれ以前から存在するわけである。

　ローマ時代にはとくにこの主題が好まれ、筋肉隆々たる英雄が、たおやかな女王に日傘を差しだす情景などが描かれた。オンパレのほうは、ライオン皮や棍棒を受け取ってヘラクレスとなり、英雄は女王のサフラン色の衣装を身に付けて、その側にはべりつつ女の仕事をするといった場面が、美術作品を含め表現された。

政治的な意味合いでは、クレオパトラに骨なしにされたアントニウスを、政敵アウグストゥスの側から愚弄するための、神話的な譬えにされた（プロペルティウス）。しかし、個人的なレベルでは、それは、女性が男性に揮う蠱惑《こわく》的な力を誇示する格好の材料として、古代から現代に至るまで利用される。例えば、後二世紀のあるレリーフでは、オンパレが、あなたはわたしのものと言わんばかりの態度でヘラクレスの肩に左手を置いており、彼女の足元には英雄の弓などが、しかし彼の脚の下には女仕事用の羊毛の束などが描いてある。そして、制作者の署名として、「マニウスの娘カッシア・プリスキッラがこれを造った」と、得意げに彫られている。この女性が、ここの「オンパレ」である。

6　妻を狂乱におとしいれるヘラクレス

全土的ヒーローと妻デイアネイラ

オンパレへの奉公の後、ギリシアへ戻る。第三時期では、いまや壮年のヘラクレスが、大将軍として、自らの意志で軍を率いて遠征を行ない、相手の国を屈服させて、新たな王をそこに据えることまでする。オリュンピアの地方の制圧とオリンピック競技の創設や、トロイアの攻略などがここに含まれる。

トロイアから帰還後、一定の働きをしたが、けっきょくアルゴスを含むペロポネソス半島そのものを離れ、ギリシア中部カリュドンに移った。この移住は、第二の妻デイアネイラとの出会いと結婚に直結する。

カリュドンを含む地域は、一種荒ぶるますらおたちの土地であった。太古の生活様式を後々まで続け、生肉を食べる習慣を持つ一族もあったという。ここでは、傑出した英雄メレアグロスの説話が古くから発達していた。巨大な猪をめぐる戦いの話が有名である。

英雄は、冥界の番犬ケルベロスを連れ出しに地下へ赴いたとき、その偉大なメレアグロスと出会う。しかし、メレアグロスは、ほかの亡霊たちに抜きんでた英雄ではあるものの、けっきょくあくまで「亡者」として自分の惨めな運命を嘆かねばならない。その彼と、逞しい生者のまま一時的にそこへ下ってきたヘラクレスとが対比される。彼には、地下ではなく、天上での至福の生活が約束されているのである。

詩人バッキュリデスの描写で、亡霊のメレアグロスの雄々しい様子に感嘆した彼は、似た性質の乙女はいないか、妻にしたいからと尋ねると、メレアグロスは、妹デイアネイラの名を挙げた。地上へ還ってからヘラクレスは、第一の妻メガラを甥に譲り、新たにこの乙女を娶ることにする。

説話発展の観点から言うと、ヘラクレスは、メレアグロス関連の古い物語圏にその妹デイアネイラを介して入り、彼に取って代わるようなことになる。英雄の、テバイ・アルゴス圏からの「進出」であり、全土的ヒーロー化である。

しかし、英雄が大成したと言えるこの最終時期では、同時に、家族間の問題、夫婦関係のあり方が、大きくクローズアップされることになる。

「白馬の騎士」的な夫に尽くす女傑の婦人

その乙女「デイアネイラ」は、「男（または夫）を殺す」女という、女戦士的な名前である。じっさい彼女は、乙女のとき、戦車を御し、戦闘の訓練をしていたという。土地のますらおの雄々しさが、そこの女性にも宿されていたのである。

しかし、結婚してからは模範的な妻となり、夫思いの女性となった。例えば巴御前《ともえごぜん》は、女傑的だが、情《じょう》こまやかな女性であった。黒海ポントスのミトリダテス王にかいがいしく仕える女傑的愛妾がいたことを、プルタルコスが記している（『ポンペイウス伝』）。デイアネイラの強く高貴な心は、夫にひたすら注がれるようになるのである。

というのも、ヘラクレスは、乙女のとき彼女に求婚していたおぞましい河神と取っ組み合って降参させ、白馬の騎士的に彼女を救った。また、結婚後、東のトラキス地方へさらに移住するため、彼女と旅した際、ある河の渡し人的な働きをしていた半人半馬ネッソスが、彼女を犯そうとしたので射殺した。「白馬の騎士」的な働きを、ふたたび彼女に発揮したのである。彼女が、心から夫に尽くすようになるのは自然である。

ところが、そのネッソスは、死ぬ間際、精液の混じった自分の血のりを「媚薬」と偽って彼女に取っておかせた。この血には、水蛇的怪物ヒュドラの毒が混じっていて、それがのちに英雄の命を取るという運命になる。かつて彼は、倒したヒュドラの胆汁に矢先を浸して毒矢にしたのである。なお、蛇の毒は胆汁にあるとされた。

ヘラクレスの心移りと、デイアネイラの運命の暗転

しかし、とにかくしばらくは夫婦生活が続き、立派な息子たちもできた。ところが、ここに運命の暗転が起きる。

上記、オイカリアの王女イオレにまつわる出来事は、英雄がまだティリュンスにいたころのことである。そのとき、求婚に赴いた彼は、侮辱的な扱いを受けて目的を果たすどころではなく、あまつさえその後犯したイピトス殺害をきっかけに、小アジアで奴隷奉公をするはめにもなった。このオイカリアに対し、改めて、今度はトラキスから行動を起こし、遠征に向かう。

そういう復讐の行為であるが、同時に王女イオレへの愛欲にも動かされていた。ソポクレスの劇では、王女への止《や》み難い思いが強調されている。デイアネイラよりも若い乙女であり、夫がその女性を家に引き入れようとするのは、耐え難い事態となる。

家庭的な女性による英雄の破滅

英雄はオイカリア市を攻略した。そして、ゼウスに勝利の感謝を捧げるために供犠式を行なう。このとき、デイアネイラは、家から式服用の下衣を送って寄越す。これには、彼女が「媚薬」と信

じるネッソスの血のりが塗ってあった。それを着てヘラクレスが犠牲式を行なう最中に、陽の光と祭壇の炎とに温められたヒュドラの毒が再活性化し、硫酸のように彼の肉を腐食し始める。瀕死の状態になった英雄は、トラキスに運ばれる。

ヒュドラは、かつてヘラに養われた怪物であり、その毒は、英雄に対するヘラの悪意の残留物である。しかしいまは、英雄を滅ぼすためにそれをヘラが用いるのではない。ヘラとの敵対関係は、この時期には、だんだん和らいできている。ソポクレスの劇で、死ぬ間際のヘラクレスは、ヘラの関与や悪意を口にはせず、むしろ、死んだ者がお前を殺すだろうという、かつて下された神託がこれだったのだと言いながら、ネッソスに対して激しい怒りをぶつける。超英雄を倒せるのは、生者ではなく死者だという、神話的逆説である。

デイアネイラに対しても、当初は憤激と憎悪を向ける。しかし、息子から、彼女はネッソスの企みに乗せられ、媚薬と信じてそれを用いたのだと聞かされると、それ以上彼女を責めることはしない。デイアネイラにも積極的な罪はないだろう。これは、例えば、自分の魔法の知識を用いて確信犯的に復讐を果たす「毒婦」のメデイアと比較すれば明白である。デイアネイラの「恐ろしい行為」（ヘシオドス）は、錯乱した彼女が、夫の愛を必死につなぎとめようとして陥った過誤である。しかし、それを引き起こしたのは英雄の行動であった。

そういう意味で、彼の破滅の原因は彼自身である。冒険と遠征に明け暮れる人生を送る英雄は、内なる生活にも目を向けるべきであったことが示唆される。神話語りにおいて、強い気質のデイアネイラを、もう一人の「毒婦」にすることもできたはずである。あっさりと彼を亡き者にする復讐へ向かわせることもできたであろう。ところが、この神話を語る者たちは、むしろ過誤によって、意思に反し、彼を滅ぼすようにさせる。そして彼女は、事実を知ると、英雄を責めることはせず、むしろ「女傑」的に短剣を使って潔く自害する。彼女のけなげさと英雄の行動をこう対比的に語る者たちは、彼らの英雄の強直すぎる内部に、抑えがたい不安を感じているのである。

オイテ山上での焼死――浄化の炎と昇天

苦悶する英雄は、トラキス市の近くにそびえるオイテ山まで自分を運ばせ、山上に築かせた薪山の上で焼死する。

火は、ギリシア的な思考によると、二面的な働きをする。それはものを焼き尽くし破滅させるが、他方で、浄化・聖化して永遠化する力も持つ。人間的な部分を焼いて、不死なる身にする。この思想は、例えば、女神テティスが、人間の夫との間にもうけた子アキレウスの死すべき部分を焼き滅ぼして―ステュクスの水に浸《っ》けたというのは後代の説―、不死身にしようとしたという神話にも見出される。ただしこれは、中途で夫に邪魔され、彼女がつかんでいた「アキレス腱」が英雄の弱点として残った。体全体がそのまま保たれるアキレウスの場合は、「焼き」を入れて、肉体を鋼鉄のように硬くし、傷つけられないものにしようとする意図によっていたが、ヘラクレスの場合は、「一片の骨」も残らない全身消滅になる。完全な聖化である。

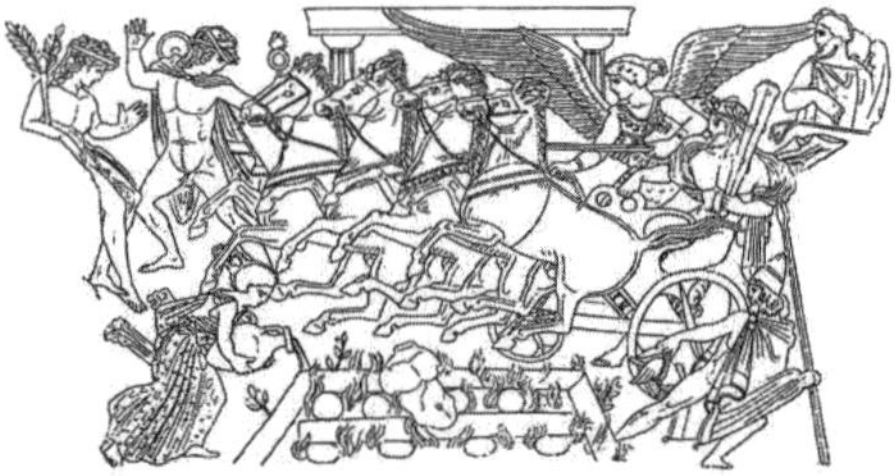

昇天するヘラクレス（アテナが、英雄を乗せた馬車を天に向けて走らせてゆく。下部に英雄が焼死した薪山。Ivan Akimovich Akimov 作、1814）

フェニックスの神話でも、焼死と永生とがテーマ的に結合している。この「不死鳥」は、普及版の神話で、年を取ると自ら全身を焼き、その灰から新たに生れ出て飛び立つと言われた。キリスト教の教父たちによって、イエス・キリストの復活の譬えに用いられた。

そしてヘラクレスも飛び立つ。すなわち、オリュンポスへ昇天する。しかし、この場合は、自ら全身を聖化した彼を、ゼウスの雷火がさらに後押しする。

アポロドロスは、簡明に、「薪山が燃える中、雲が彼の下に入り、雷とともに天まで運び上げた」と述べる。歴史家ディオドロスは、もう少し詳しくこう記す。

ピロクテテス（近くの住人）が……薪山に火をつけた。するとすぐに、大空から雷火も落ち、薪山全体が燃えつくされた。周囲の者たちが、骨を拾おうと近寄ったが、一片の骨も見つからなかった。（『世界史』）

雷火は、古代人にとって、悪者を滅ぼす神の鉄槌になるとともに、聖なる火の最たるものとも信じられた。この雷火はゼウスから落とされる。ゼウスが彼を天上に迎えたのは、怪物や悪者を退治した功績と、後述する巨人族戦争での彼の働きとによる。

彼の昇天は、アポロンの神託で予言されていた。その後で、アテナが、彼を乗せた戦車を駆って天に昇ってゆくさまや、天上のゼウスの面前に案内する場面などが、美術作品で描かれている。

7　ヘラの養子になるヘラクレス

ヘラとの宥和の前準備――女神の「戦友」ヘラクレス

これは、やはり天上にいるヘラと宥和することも意味する。しかし、それは急に実現するわけではない。

英雄が、トロイア遠征から帰る途中、ヘラの嫌がらせによってコス島まで漂流させられるという事件が起きた。しかしこれには続きがあり、巨人族対オリュンポス神族の戦いと連結する。このとき、ヘラクレスが決定的な役割を果たすのである。ただし『イリアス』では、その漂流の後ヘラクレスはそのままギリシア・アルゴスへ帰ったということにされ、巨人族戦争には触れられないので、英雄のこの点の貢献は知られていないか、無視されている。そしてヘラは、コス島漂着事件を引き起こしたことで、神々の女王にふさわしくない、ひどいお仕置きをゼウスから加えられる。この処置は、二人の対立を解くどころか、悪化さえさせただろうと想像させる。

それに対して、ヘラクレスの昇天を語る『オデュッセイア』やヘシオドスに基づく標準的神話においては、英雄が、コス島に一時滞在した後、女神アテナによって、巨人族相手の戦いの場まで連れて行かれた。この戦争では、死すべき者、つまり人間を仲間に加えないと神々は勝てないという予言があったので、ゼウスがヘラクレスおよびディオニュソスを参加させたのだという。その戦場で、ポルピュリオンという主導者的な巨人が、ヘラクレスとヘラとに襲いかかった、しかしゼウスが雷電を投じ、ヘラクレスがこの巨人を射殺した。ヘラが救助者たちを呼び求めるのに応じて、ゼウスとヘラクレスとがこういう形で彼女を救ったのだという。なお、ディオニュソスはヘラ救助には関与しない。

したがってヘラクレスは、「戦友」として彼女を救助し、恩を売ったことになる。やがて天上で果たされる女神との宥和が、このように準備されるのである。

ヘラと地上の妻たち――家庭的平和の神話モデル

ところで、上記のごとく女王オンパレは、妻デイアネイラとともに、英雄とのかかわり方においてヘラになぞらえられた。この比較は、男性を牛耳る支配者的女性という視点から行なわれており、近代のＪ・Ｊ・バハオーフェンらの母権理論に役立たせられた（第五章参照）。

しかし、異なる視点から見ると、ヘラにしても、オンパレにしても、英雄との家族的関係において、敵対から宥和へという変化を見せている。ヘラは、英雄の昇天後、次でも述べるように彼を養子にし、完全に仲直りする。他方、女王オンパレには、彼は当初は奴隷として仕えた。屈辱感とともに過ごした彼だったであろう。しかし、女王のために悪者退治などをしてやるうち、彼女は彼に好意を抱くようになり、彼もそれを受け入れて、子ももうけることになる。こういう点はヘラが、ミュケナイ王の黒幕として、ヘラクレスに難業を出し続けた点にも対応させうる。この類推で行けば、ヘラも、それを次々果たしてゆく英雄に注ぐ視線を、だんだん改めていったことだろう。デイアネイラがヘラに譬えられたのは、最後の「媚薬」じつは毒による殺害が、女性による支配的行為と見られたからである。しかし、これは過誤による事件であり、しかも英雄自身が播いた種による。親しい女性との関係の仕方を通じて、家庭的平和の問題が神話的に提示されるのである。

ヘラが英雄に「授乳」し、養子にする

さて、ヘラクレスが天に昇って来たとき、ゼウスはヘラに、彼を養子にして今後は母の愛情を示すよう勧めた、彼女がそれを受け入れ、次のような儀式を行なったと、歴史家ディオドロスは記す。

言い伝えによると、ヘラは、ベッドに上がって、ヘラクレスを自分の身体に引き寄せ、ほんとうの出産を真似ながら、彼が自分の衣服を通って地面に落ちるよう放した。これは、今日に至るまで、異邦人たちが、養子縁組をしようと思う時にすることであるという。そしてヘラは、彼を養子にした後、へべをめあわせたと神話で語られている。(『世界史』)

いまは異邦人たちの間に見られる儀式ということなので、ギリシア人にはそういう慣習はもうなかったということらしい。しかし、少なくとも以前は、ギリシア人も、養子縁組の際にそうしたというのである。バハオーフェンは、中世時代の類似の事例に言及している。

養子のための儀式ではないが、やはりバハオーフェンが引いている古代の慣習も参考になる。死んだと思われていたが後に生還した者—「ヒュステロポトモス」または「デウテロポトモス」—は、新生児のように産湯を使わせてもらい、おしめを当てられ、乳房を吸う、という儀式を行なったという。

若い（若返った）ヘラクレスとヘベ「青春」が、中央のゼウスとヘラに歩み寄る（アッティカ赤像式壺絵、前400年頃。ローマ、ヴィラ・ユーリア）

ヘラクレスも、オイテの薪山で、人間の肉体としてはいったん焼け死んでから、天上で生まれ変わったわけである。この点を、ヘシオドスの『名婦列伝』や、ホメロスの『オデュッセイア』では、「ヘラクレスはいったん死んだが、いまは天上で生きている」と、逆説的に表現している。

いま引いた「乳房を吸う」ということに関連して、一部の伝承では、じっさいにヘラが、大人のヘラクレスに「授乳」したという話がある。あるエトルリアの鏡には、ひげを生やした彼がヘラの乳首を吸っている様子が彫られている。

なお、眠るヘラに知られずに、赤子の英雄が乳を吸った、女神が目を覚まし、彼を押しのけたが、その際に飛び散った乳が「ミルキー・ウェイ」、銀河になったという、ティントレットの絵でも有名な話は、女神との宥和以前の段階に属し、物語の局面が異なる。

昇天したヘラクレスは、女神の娘へべとの縁組を通じて婿養子となった。へべとともに、幸せな結婚生活を永遠に送ることとなった。

ヘラクレス・ヘラの関係と宇宙の平和

ヘラは、文学表現において、もっぱら『イリアス』的な描写の影響から、嫉妬深い妻という面を強調されがちである。しかし、ほかの資料を見ると、ゼウスとヘラはけっしていつも喧嘩し合っていたわけではない。

両者の「聖婚」について語る説話があった。『イリアス』でも、トロイア地方のイデ山上で、二人が―とりあえず睦まじく―交わる場面が叙述される。そういう聖婚を、神官によって模す宗教儀式が、現実にクレタ等にあったという。そういう種類の神話がすでに『イリアス』以前から語られていたことは疑いない。それは、一つには、天空から降り注ぐ雨と、それを受けて実りを産する大地とを協同させるという宗教観念にさかのぼるだろう。ゼウスとヘラ両方に雨乞いする儀式が知られている。

もちろんいつも順調に季節がめぐる保証はなく、神々間の齟齬や争いが背景に想像される事態も起こりうる。しかし、「最も不敬な文学」とも呼ばれる『イリアス』の描写では、作品の独特な構想に由来する部分が大きいのに対し、現実に人々が、願望とともに想定した二人の間柄は、確かに部分的には緊張をはらみつつも、大局的には宥和を見る、というものであったろう。ギリシア中部キタイロン山において、いくつかの木製の神像を焼くダイダラ祭という火祭りでは、六十年ごとの大祭で、ゼウスとヘラとの仲たがいの後の仲直りが演出された。

ヘラクレスとヘラとの間柄も、ゼウスと彼女との関係に直結するという点で、宇宙的な意味を有している。そして英雄とヘラとの最終的和解をもたらす、オイテ山上でのヘラクレスの焼死も、儀式として、四年ごとに再現された。

8　墓を持たない英雄、または遍在する力

墓を持たない英雄

オイテ山では、英雄が身を焼いたと神話で語られる薪山の跡や、灰の層を積み重ねた大きな祭壇や、前三世紀ころのものらしいドリス風の神殿などが見つかっている。この祭りでは、人形や生きた犠牲獣が焼かれた。

ところで、ヘラクレスには、どこかに埋葬されたという正式な言い伝えはない。ヘラクレスのものだという墓は、ギリシアのどこにも示されていなかった。例えばアキレウスが、言い伝えでは、

トロイアで戦死した後、その近くのシゲイオン岬に築かれた塚の中に遺骨を納められ、英雄神になったというのとは異なっている。

ヘラクレスはオイテ山上で焼かれた。もし遺骨が拾われていたら、その近辺に塚が築かれていただろう。ところがそうはならなかった。先に引用したディオドロスの記述で、「一片の骨も見つからなかった」という言葉は、ヘラクレスの伝承において、遺骨について語られることがもともとなかったということを示唆する。

遺骨がなければ墓も作りがたい。ヘラクレスの「生家」の跡と言われるものはテバイにあったらしい。彼を祀る神殿は地中海全域にあったし、父および母の墓はテバイその他で示されていた。しかし、彼自身の墓については、ヘラクレス伝を残したアポロドロスやディオドロスも、あるいは各地に関する詳細な地誌をあらわしたストラボンやパウサニアスも、一言も述べていない。アキレウスのように墓詣でをしうる場所は、ヘラクレスに関しては知られていなかった。実物の骨がない場合でも、「空の墓（ケノタピオン）」で間に合わせられることはよくあった。アキレウスに関してもオリュンピア地方でそういう種類のものが示されていた。しかし、ヘラクレスについてはそれも存在しなかったのである。

英雄の「墓」に類することを述べる資料が全くないわけではないが、特殊な記述であったり、偏向していたり、明らかに別人に関するものであったりして、顧慮に価しない。

古くは、例の薪山のあった所だけが、彼ゆかりの聖なる場所として尊崇されたのであろう（神殿は後代の建造である)。これがオイテにおける崇拝の原点であり、焦点である。

墓を持たないという点においても、ヘラクレスは独特の英雄である。神秘的な最期は、例えばオイディプスの死を描くソポクレス『コロノスのオイディプス』での主人公の「神隠れ」を想起させるが、彼の場合は、アテナイ郊外のコロノスに塚を得たのである。

ギリシア神話・宗教では、英雄神に限らず神々まで「死んだ」と語られた―この点は、神々にふさわしからぬ運命だとキリスト教徒から槍玉に挙げられ、要するに本物の神々ではないということだと決めつけられた―、そして、その証拠として、ウラノス、ディオニュソス、アポロン、アスクレピオス、あるいはポセイドンやゼウスまでが、その「墓」を示された。ところが、ヘラクレスの「死」は語られたが、その「墓」は知られていなかった。

遍在する力

ヘラクレスがどこにも墓を持たなかったという点を、ヴィラモーヴィッツ・メッレンドルフは、すでに古層の説話において彼が不死なる者だったからだとする。しかし、ホメロス以前からあった伝承ではまさしく逆であったろう。伝存する最古のギリシア文学『イリアス』で、ヘラクレスも死を免れなかったと語られるのである。

他方、P・クレッチュマーは、ほんらいメルヘン的人物だったから、という理由を考えている。メルヘンの一特徴は、「場所なし」、つまり特定の場所に縛られないことだというグリムの定義を念頭に置いているのであろう。しかし、例えばオイディプスもほんらい民話的英雄でありながら、四つも墓を伝えられていた―上記コロノスはその一つに過ぎない―ということをニルソンが指摘している。また、ヘラクレスの説話には、メルヘン的なもののほかに、神話はもちろんのこと、伝説的、擬似歴史的要素も取りこまれている。ギリシア中部の説話においてヘラクレスは、伝説的人物の性格を強く表わす。そういう人物には、墓があってもよさそうである。

ニルソン自身は、死を打ち負かした英雄だからこそ墓を持たないのだと論理的に説明する。これは、ヴィラモーヴィッツの説よりは納得できるであろう。しかし、死を超越しているはずのゼウス神や、やはり天に昇った「兄弟」ディオニュソスたちの「墓」はあったのである。前者の「墓」はクレタにあったと伝え、後者の「墓」は、デルポイのアポロン神殿の中、有名な臍石の近くにあったという。

ヘラクレスは、後で述べるように、神でもあり英雄神でもあると考えられたので、少なくとも後者の資格で墓を作られ得たはずである。第一の候補地は、当然オイテ周辺である。しかし、その地の人々はそうしなかった。

墓は、英雄神が滞在する場所と考えられた。彼はそこから力を揮うわけであるが、別の観点から言えば、彼の及ぶ力はその周囲に限定されることになる。しかしヘラクレスは、プルタルコスが言うように、「全ギリシア的」な英雄となった。抜きん出た力の点で、もともと皆の憧れを受ける資格があったテバイ・アルゴス圏の英雄は、全ての人間の英雄になった。墓がないという特徴は、それと関係するであろう。セネカの悲劇『オエタ山上のヘルクレス』(竹中康雄訳)では、母の口から、「この地球が全部お前の墓」と謳われている。言い換えれば、グローバルな英雄には、それはどこにも限定されないということである。

結果的にこのことは、J・S・ラステンが指摘するように、誰でも、どんな貧乏人でも、ヘラクレスを守護神に持つことを可能にした。ふつうの英雄神には特定の墓があるので、遠いところに住んでいれば、そこまで参詣旅行をする必要がある。また、聖なる遺骨や、彼を表わすレリーフなどを手に入れて身近にその援助を確保しようとしても、無償では手に入らない。しかしヘラクレスは、すぐそこにいる存在として人々を守護してくれた。第一章2で引用したように、民家の入り口の上に、禍いを防ぐヘラクレスの名が掲げられていた。

これは結果的な現象あるいは現実の礼拝に関することである。しかしそれは、英雄中の英雄をめぐる神話を作り上げた人々の願望において、むしろ初めから運命づけられていたのかもしれない。オイテの薪山の上で焼かれたとき、そこには一片の骨も残らなかったという結末でこの英雄神話を締めくくるとき、この物語を生み出した人々のヘラクレス願望が、墓はないという普遍的崇拝を自然に導き出したと見ることができる。ヘラクレスという超英雄に憧れる人間心理が、英雄の最期の局面まで、あるいはまさにその極点において、強力に働いたのである。彼は、どこにも現われうる、遍在的な力となった。

9　英雄ヘラクレスから神ヘラクレスへ
——存在次元の「出世」

神の地位へ

ヘラクレスは、人間の間から天へ昇った。人間の世界からオリュンポスへの「殿堂入り」を許された例として、ディオニュソスも挙げられ、ほかにも、ディオスクロイやアスクレピオスの「神格化」がとりあえず語られはする。しかし、これらの神格化の話は、それ以上とくに敷衍されない。それに比べて、ヘラクレスの場合は、スタッフォードが述べる如く、神話伝承や、文学や、美術や、祭礼で繰り返し取り上げられ、謳いあげられるのである。『イリアス』においては、ヘラクレスは、アキレウスと同様、卓越した英雄ではあっても、死の運命から逃れられなかった人間として言及される。しかし、その後、ヘラクレスの不死が語られるようになる。

それに対する信仰は、まず、英雄神崇拝という、ミュケナイ時代以降に広まった宗教現象の一つとして成立した。英雄神というのは、オリュンポスの神々と人間との間の中間的地位に属し、場所的にはその墓を中心として崇拝された存在である。ミュケナイ時代に続く「暗黒」時代の末ころ、前九世紀または一〇世紀末から、おそらくホメロスの叙事詩の成立と並行して、しかし一部は、英雄的戦士たちを謳うこのホメロスの叙述から影響を受けて、この崇拝が広まっていった。アキレウスたちも、単なるヒーローの段階を超えて、英雄神としてあがめられるようになった。ただしアキレウスが英雄神になったのは、『オデュッセイア』以降である。

しかし、ヘラクレスは、宗教崇拝においてさらに祀り上げられ、英雄神のみならず、天上のオリュンポスに住む神としても扱われるようになった。天から地を見下ろす神は、墓周辺にその力が限られる英雄神よりも、一段上の存在となる。ディオドロスによると、彼の神格化はアテナイで始められた。この点は、次で述べるエレウシスという秘儀宗教の大聖地をアテナイが有していたことと関連するかもしれない。

そのように神にされたのは、比較的新しい時期に属する。天上のヘラクレスを謳う『オデュッセイア』やヘシオドスの作品は、前七世紀ころの成立と見られる。前六〇〇年ころのコリントス産陶器に、ヘラクレスとヘベとの結婚を描いているのがある。

「民主主義」的霊魂不滅説と個人的至福のモデル

魂の不滅に関する思想が、ピュタゴラスら、哲学者たちの口を通じて表明されるようになるのも、この頃からである。

『イリアス』的な古い考え方では、ふつうの人間は死後に地下世界へ行き、そこで虚しい死後人生を永遠に送ることになる。ある意味で、魂の死である。しかし、『オデュッセイア』やヘシオドスの叙事詩では、半神などの前提条件を充たし、すぐれて貴族的な、あるいは勇者的な者は、死後に楽園へ行き、至福の生を送ると言われるようになる。「一般の人間たちとは別に」、死後の特別待遇が与えられたエリートたちである（ヘシオドス『仕事と日』）。

しかしやがて、明るい死後運命を、より開かれた形で説く宗教思想が現われる。一つには、アテナイ北西部のエレウシスで行なわれた秘儀宗教が大きな威信を示すようになった。それに入信すれば、誰でも死後の幸福が約束された。これは国家的な宗教制度に組みこまれ、アテナイ市から毎年入信志願者がそこへ大々的な行列のもとに送り出された。

しかし、魂の救済という個人的な問題に、より親密な形で応えようとする動きも出てくる。それが、オルフェウス派や、ピュタゴラス派の教えである。そこでは、輪廻転生論が大きな位置を占めたが、転生は、非常に長い期間にわたって繰り返されねばならないものの、正しい行ないを続けて、最終的に罪から完全に浄められた者は、その輪廻から脱する、そして神々とともに暮らしながら宴を楽しむ生活に入る―正確にいえば魂が転落する前の状態に還る―と教えられた。

ピュタゴラス教団の成員は、現実的には、主に貴族階級の人々だったらしいので、こういう思想を「民主主義的」とまでは言い切れないかもしれない。しかし、かつて半神的な王たちに限られていた運命が、いまや原理的には、魂の汚れを浄めさえすれば、誰にも可能となった。死後の至福に向かって、開かれた展望が与えられた。女性にも、教団の門戸は開かれていたのである。

そういう宗教的流れと時期的に軌を一にしながら、神話においては、人々の不死願望が、とくに超英雄ヘラクレスの像を借りて表現され始める。それは、オルフェウス派などの輪廻転生説は含まないが、とにかく同様に人々にとって開かれた運命を示すモデルとなる。人間たちも、存在次元的な「出世」を、彼に即して祈念し出すのである。

超英雄に、宇宙の平和という一大事が託されるとともに、個人的至福のモデルが見られるようになる。この点は、また後で取り上げる。

第二章　死の克服への執念

オリエント神話その他と比較しながら

偉大な英雄は他の文化圏にももちろんいる。前章でも、一部、そういう英雄たちを引き合いに出したが、ここではもっぱら対比的な側面を示す者たちを、主にオリエントまたは「近東」の圏域から取り上げて比べ、ヘラクレス神話の性質を見極める。ときには、オリエント以外の神話も比較材料にする。

ここで見出される最大の特徴は、生き抜く意志や力の強調、あるいは死を克服する試みの執念深い繰り返しである。また、そのために求められる必死の苦闘がクローズアップされることもある。

1　オリエント神話とギリシア神話とのさまざまな関係性

影響、逆影響や源流共通の場合

まずは、オリエント神話とどういう関係性が見られるかという一般的な問題を述べる。ヘラクレスなどのギリシア神話の完成には、内的発展とともに、外的な諸要素の影響が、とくにオリエントからあった。その中で、エジプト、フェニキア、シリア、小アジアが地理的に近く、より直接的な交流や影響関係が推定される。

なお、「オリエント」は「東方」すなわちアジアのことだが、エジプトは、ギリシア人の視点からはアジアとも（北）アフリカとも見られたので微妙である。しかし、ここでは慣例に従ってそれに含める。ちなみに、「オリエント」対「オクシデント（西方）」の用語的対比は、ローマ帝国以降の慣習である。

ギリシア文化や神話に、オリエントからの影響が諸点にわたってあったこと自体は、その影響の深度は別として、今日では疑われない。

しかし、この影響は一方的なものに終始するわけではない。すでにミュケナイ人が、政治的、経済的な領域でオリエントに進出していたように、その後のギリシア人もさまざまな次元で影響を受けつつ、それをやがて消化してゆき、ギリシア独自の文化を発展させて、場合によっては逆に神話的にも影響を及ぼすことがあり得たと思われる。双方向的な関係を含意する神話例がある。また、直接的な接触よりも、ギリシアとオリエントとで、何か共通の源から来ていると思われる物語もある。また結果的に、オリエントの神話と対比的な性格を見せる場合がある。

当初は、オリエントからの文化的「入超」が続いただろう。その後、前八世紀以降の植民時代からギリシアは発展し、自信をつけてゆく。東は黒海へ、西はイタリアを超えた地域まで進出する、成長下のギリシアが、古い過去の影響、相互干渉や反目の歴史も反映させつつ、神話の大系化を通じて自己主張をし、他民族を神話言説的に傘下に組みこもうとする傾向も示すようになる。

ヘラクレスの遠祖の神話に見る双方向性

ヘラクレスの遠祖の神話を見てみよう。ヘラクレスは血縁的にはアルゴス人である。そのアルゴスの女性で、彼の遠祖に当たるイオはヘラの神官だったが、ゼウスに愛されたことで女神の怒りを買う。ゼウスが彼女を隠そうとして牝牛《めうし》の姿に変身させると、ヘラは、それに虻《あぶ》を送って狂乱させせ、アルゴスから出奔させる。世界各地を経巡るが、やがてイオはエジプトにたどり着き、そこで子をもうける。イオの子たちは、現地の女—「ナイルの娘」メンフィス等—を娶る。その子孫はしたがって混血民族になるが、その中から、のちに、ダナオスたちがギリシアに移住する。これは、イオの観点からは、一族の「帰還」となる。

この神話に、民族移住の歴史の反映を見ようとする解釈が古くからある。彼らがアルゴスに来たのは、「帰還」でもあるが、移住ないし征服でもある—そのときのアルゴス王は、新来のダナオスに王位を「譲った」、民は「ダナオイ」に改称された、という。

しかし、M・バナールの『黒いアテナ』的アプローチ法で、前一六ないし一五世紀におけるエジプト人のギリシア侵入を強調しつつ、エジプト・北アフリカからのギリシアへの一方的な人的・文明的流入と影響だけを見ようとするのは、一面的に過ぎる。

この神話の例では、系図的に、ギリシア女イオが、アルゴス人とエジプト人との共通の祖にされている。現実に相互干渉があった可能性もある。

神話的思考として、文明はオリエントから来たという認識とともに、一種のギリシア中心思想も現われてくる。一方では、エジプト出身のダナオス一族がアルゴスの治世を行ない、イオの子孫の一人カドモスが、フェニキアからギリシアに来てテバイを建国し、アルファベット（フェニキア文字）を導入したなどと語られるが、他方で、エジプトやリビアやフェニキアの名祖らが、イオというギリシア女の下に系譜的に繋がれ、彼女の子孫ペルセウスから、ペルシア人の名祖ペルセスが生まれたと言われる。ペルシア人自身が、祖先はギリシア人とするこの系譜説を受け入れていたようにも伝える。ペルシア王の使節がアルゴスに来て、ペルシア人はアルゴス国民の後裔であると述べたという（ヘロドトス）。これは、ギリシアの側からの押し付け的な主張かもしれないが、とにかく、オリエントの文化や神話をありがたく頂戴するばかりではなかったという証拠の一つである。

オリエントとのさまざまな関係性が、ギリシア神話で、間接的に表現されている。

2　ヘラクレスとサムソンの物語
――英雄の「泣き所」の問題

二人の怪力英雄の、女性による破滅

『旧約聖書・士師記』で語られる怪力サムソンの話は、ヘラクレスの神話と、主題・モチーフ的に対応するところがある。イスラエルとギリシアとの直接的交流はあまり想定されないので、東地中海地域に共通の、何か古い伝承や説話伝統が関与していると見うる。

サムソンは、「士師」と言われるイスラエル民族の指導者に属していた。そして敵のペリシテ人たちをさんざん悩ませるが、最後に、彼らに言い含められた愛人デリラに裏切られ、自分の怪力の秘密を知られてしまう、という話である。

ヘラクレスもサムソンも、並外れた力持ちであり、いずれもライオンを素手で倒す。また、いったん捕虜となったあとにその敵を殺す。すなわちヘラクレスは、ヘスペリデスの園に行くためにエジプトを旅する途中、ブシリス王の捕虜となり、土地の神に人身御供《ひとみごくう》にされようとしたとき、いきなり反撃に出て皆殺しにした。他方サムソンは、敵対民族のペリシテ人に捕えられ、彼らの神ダゴンの神殿の大きな柱にくくり付けられた。彼らが宴を催しているとき、その柱をへし折って神殿を崩壊させ、自分の命と引き換えに彼らを皆殺しにした。

また、両人とも女好きで、しかもその破滅の原因が女性にある。ヘラクレスの死は、王女イオレを自分の館に引き入れたとき、危機心を抱いた妻デイアネイラが「媚薬」と信じて毒を塗った服を着たことで起きる。サムソンは、彼の怪力の秘密が自分の髪の毛に宿っていることを、愛人のペリシテ人遊女デリラに明かしてしまい、眠っているすきにその毛を切り取られたので、敵にやすやす捕らえられる。

英雄の「泣き所」はどこにあるのか?

類似の、髪の毛に関する民話的モチーフは、ギリシア神話においても、メガラの王ニソスや、タピオイの王プテレラオス（ヘラクレスの父が攻めた国の王）について語られている。これらの例では、力の元というより、より致命的に命の鍵を握るものにされている。とにかくそれは、「アキレス腱」や「弁慶の泣き所」といった、多くの英雄談に共通する外的弱点あるいは急所の話である。他にも、脇の下がそうだったという大アイアスや、背中にそういう一点が隠されていたというゲルマン英雄ジークフリートらが挙げられる。ところが、ヘラクレスについては「泣き所」は語られなかった。むしろ彼の場合は、内部の奥深くに問題があるということが、とくに彼の女性に対する行動や態度において示されることになる。これは、命取りとなった妻との関係でよく現われてくる。ディズニーの『ヘラクレス』でも、彼には肉体的弱点がないということに触れられているが、そこでは、女性に対する甘い愛情がけっきょく彼の弱点だと敵に見破られ、優しい気持ちのゆえに窮地に陥る、しかし最後はまさにそのゆえにハッピーエンドになると展開する。しかし元の神話では、悲劇的結末を迎える。

サムソンの場合も、相手を信じたその愚かさに、より遠い原因があるとは言えるが、その女好きから来る彼の破滅の物語は単純な性質のものである。命の鍵を握る髪の毛という、素朴な民話モチーフに呼応すると言えるかもしれない。

他方、ヘラクレスの場合は、問題の所在がより深部の屈曲した部分にある。王女イオレをめぐっては、求婚のときに拒絶された屈辱、しかも彼女に対する抑えがたい思い、王女の兄イピトスをめぐる「再度の狂気」事件という連鎖が形成されて背景をなし、妻デイアネイラとの関係では、「白馬の騎士」的に彼女を救い、彼女の献身を受けつつ、けっきょく彼女への関心をどうやら薄れさせていって、その気持ちを考慮せずに王女を引き入れ、妻を絶望的行動へ駆り立てる。

ところが、他方では、これもヘラクレス神話に含まれる一つの逆説と言えるが、この不幸な事件を受けて英雄は直後に昇天し、至福の神々の仲間入りをする。これは、神託に予言されていた運命を果たしたことになる。しかし、かわいそうな自死を遂げたデイアネイラのことはどうなるのか？おそらく、上記のように、オンパレやヘラ・へべとの幸せな家族関係に照らして、英雄は、地上での家庭生活にももっと心を配るべきだったという含みが、神話展開によって示されている。

ヘラクレス神話には、内的思考に向かい、精神性を問題とする傾向が認められる。

昇天の主題と「ヘラクレス宗教」

サムソンの昇天は語られない。デリラとの関係を内省させる要素もない。力の宿る髪の毛はメルヘン的モチーフだが、サムソンの物語は、実在の他民族との闘争を周囲の情景とし、全体としてはほとんど歴史書的になっている。

他方、ヘラクレスの話は、この場合のヒュドラの毒をはじめ、多くの部分が神話的であり、個々人の魂の永生という宗教観念とも関連してくる。『聖書』は全体としてはもちろん宗教書であり、他方のギリシア神話は今日ではむしろ文芸的な観点から読まれがちだが、こういう点では一種逆説的な対比を見せている。内面の複雑な問題に関心を持つ点や、死の克服にかかわる主題が強調される点から言えば、ヘラクレスの神話には、C・ローベルトが言うように「ヘラクレス宗教」と呼ぶべき側面が見出される。

3　エジプト王ファラオと民衆英雄ヘラクレス
——生まれ落ちた逆境をはね返す「われらのヒーロー」

母の懐妊とその喜劇化

これは、後にヘラクレスたちの父母となるアンピトリュオンとアルクメネが、まだ婚約中のときの話である。すでにミュケナイで、彼女の父のエレクトリュオン王によって両人の結婚が宣言され、彼が後継者に予定されていたが、この王をアンピトリュオンが（誤って）殺したという事件のせいで、彼女と、彼の弟と、三人だけでテバイに逃れてきた。アルクメネは彼と同じ家に住んではいるが、まだ身体を許してはいない。ギリシア本土西部・テレボアイ人（タピオイ）に殺された彼女の兄弟たちの復讐を果たしてくれたら夫婦になる、それまでは手を触れないでほしいと、彼女が神々を証人にして誓っていたのである。そこでアンピトリュオンは、その復讐のため遠征に出かけた。ところが、アルクメネを見そめたゼウスが、男のいない間に彼女と交わることを企て、アンピトリュオンの姿になって目的を遂げてから立ち去る。その間にアンピトリュオンは見事勝利をおさめ、喜び勇んで帰国する。そして、どこよりも真っ先にアルクメネの待つ家へ向かう。そして彼女と一晩中愛の営みを楽しむ。やっと念願をかなえた彼であるが、どうも様子がおかしいことに気づく。彼女の態度がけっして熱烈とは感じられない。それどころか、あなたとは一緒に寝たばかりですと言うのである。彼は、ゼウスに寝取られたことを知る。

このヘラクレス誕生談は、叙事詩や悲劇の題材としてよく取り上げられる。ほんらいは、ヘラクレスがゼウスの血を受けた英雄であることを称揚する神話である。ヘシオドス『盾』では、妻の反応がおかしいという点の描写はとくにされない。ゼウスは、「禍いを防ぐ者」を生み出すためという大きな目的で忍んできたのだとされる。英雄の高貴さを誉め称えるための神話要素であるという点では、エジプトの王たちの誕生伝説と比較できるとM・L・ウェストは述べている。

例えば、前一五世紀の女王ハトシェプシュトの誕生について記す神殿浮き彫りと碑文には、神々の会議での決定を受けて、神アーメン（エジプト・テバイ市の羊頭神）が、そのときのファラオの姿をとって夜中に宮殿へ赴き、妃と交わった、その後で自分を明らかにして、生まれてくる子のことを予言した、と記されているという。話の類似点の他、その舞台がいずれも―かたやエジプトの、かたやギリシアの―テバイという地であることも興味を引く。また、ヘラクレスの父アンピトリュオンは、かつてのミュケナイ王ペルセウスの孫であり、一時はそこの王位を約束された男である。エジプト王たちのそういう誕生神話と、王族ヘラクレスにかかわるくだんの話とはおおよそ対応することが認められるので、なんらかの影響があったかもしれない。こういう神話の畏敬的な口調が、元は、神殿に記録されていた聖なる物語であるという事情に由来する可能性がある。ヘラクレスを主人公とする神話的叙事詩『盾』でも、そういう基本的性格は保たれている。

しかし、たとえ相手が神だとしても、妻を寝取られたという王や英雄の話が、民衆の視点から語り直されたら、喜劇的なからかいの調子がそこに交わることは容易だろう。そのときの状況を具体的に想像してゆけば、神殿の記録とは異なる人間的タッチや滑稽味が自然に加わってくるのは当然だと言える。この話には、喜劇的な要素が最初から内包されている。

「要覧」的で、潤色は概して行なわないアポロドロスの『ギリシア神話』にすら、滑稽に響く表現が一部交じっている。そしてそれは、ギリシア喜劇の題材にされた。それは、取り違えを主題にするローマ喜劇の一つ『アンピトルオ』（プラウトゥス）に活かされ、それを基にする作品が、今日まで、もっぱら喜劇として、繰り返し書かれ、上演されている。オリエントの物語はもっぱら王族関連の話となるが、ヘラクレスは王族であるとともに、庶民または人間一般の英雄でもある。くだんの神話の人間喜劇化は、ギリシアの文化において初めて現実になった。

民衆英雄への親しみとからかい

喜劇化という関連で、ヘラクレスその人が愚弄されることもあった。ほんらい得られるはずだった王位を誕生時に横取りされ、しかも、成長してからは、他人のために命がけの苦労を重ねることになるヘラクレスの人生は、彼をお人好しの典型のようにし、滑稽な運命の人間と思わせることになった。

例えば、喜劇作家アリストパネスが、皮肉な意味でこの英雄になぞらえられた。彼は、まだ若い頃は、他人の名前を借りて自作を上演することが多かったので、他の人間の栄誉のために働くヘラクレスのような、「四日生まれの男」だと、他の同業作家にからかわれたのである。なお、アッティカ・マラトンなどでのヘラクレスのための祭りでは、それが催される月（マラトンの場合は晩夏）の第四日が、英雄の生まれた日として祝われた。

またヘラクレスは、喜劇の中で、よく巨漢の食いしん坊として登場した。目の前の「ニンジン」にたぶらかされ、騙《だま》されて「ご馳走にありつき損ない」、笑いものにされるといった役回りである。神話的喜劇であるサテュロス劇でも、滑稽なキャラクターとして人気を博した。

ファラオらの神聖な伝記にそういう愚弄が加えられることは考えがたい。ここでは、王者というよりも、ヘラクレスの持つ民衆英雄的一面が、観衆に親しみを覚えさせる一因になっている。その複合的な起源が、大英雄を彼らのからかいの的にもさせる。ハンス・ザックス等による、ヨーロッパ中世のカーニヴァル劇で、ソロモン王や聖人や神父がからかいの対象にされたのは、ある程度それと通じるように思えるかもしれない。しかし、それがカーニヴァル的な「価値転倒」の仕掛けの中で、ふだん偉そうにしている者を虚仮《こけ》にするという趣向に根ざすとすれば、ヘラクレスの場合はそれとは異なる。むしろ彼の、陽気で野生児的な顔がそれを誘発するのであり、「われらの英雄にして友」という意識が、人々の冗談を呼ぶのである。

彼には、牛を丸々一頭平らげたという大食漢的「英雄談」がいくつかある。肉をぱくつき、酒をあおるのが主目的のお祭りで、主人として遇されるのがヘラクレスであった。「難業」という労役に明け暮れたヘラクレスが、「労働者」の神として扱われることもあった。とくにアウゲアス王の牛舎の糞掃除は、奴隷のするような仕事である。また、同様の文脈で、小便小僧ならぬ「小便ヘラクレス」像も造られたのである（ヘルクラネウム出土品など）。

ミュケナイ王ペルセウスの子孫としてほんらい王族に属し、かつゼウスの息子として「神の子」でもあるが、こういう文脈では英雄は、その損な役回りのほうが言い立てられる。王位にありつきそこなった男であり、また、ゼウスの浮気相手の子、つまり「庶子」だとして、ほかの「正統的」な神々から日蔭者扱いされる。アリストパネスの喜劇『鳥』で、彼は、嫡出の子ではないから、父ゼウスの財産を相続できないと憐れまれる。これは、前五世紀の政治家ペリクレスの法律によって、両親とも正統のアテナイ市民でなければ庶子として扱われる、とされていた決まりを、この神話的英雄に—神と人間との合いの子だとして—、滑稽に当てはめたのである。

しかし、他方でアテナイではヘラクレスは、まさに「庶子の英雄」として崇められた。キュノサルゲスという、アテナイ城壁のすぐ外にあった場所では、ペリクレスの法律によって庶子とされた上流階級の少年たちが、そこの運動場を集会所に選び、同胞的「庶子」たるヘラクレスを守護者にしていたらしい。テバイでの彼の生家も、「よそ者」一家であったからか、市内そのものではなく、城壁の外、エレクトラ門を出たところに置かれていた。しかし、長じてから彼は、いったんは、王の後継者に選ばれるほどになった。

周縁的な位置にいる者も含めた民衆一般から「われらの英雄」として親しまれ、ときには進んで冗談も言い掛けられたのがヘラクレスである。

もちろん、単にからかいの的にされただけではない。「庶子」あるいは「よそ者」という逆境に生まれたにもかかわらず、それをものともしない活躍をして最後に「殿堂入り」を果たし、人々に勇気を与えるお手本になったのが、ヘラクレスという元気者である。

4 「取って代わる者・代わられる者」の話
——英雄神話的闘争か、現実主義的労苦か

取って代わられた者と、取って代わった者と

父アンピトリュオンは王になり損ねた男だが、ヘラクレスも同様の運命に遭う。神々の王ゼウスが、あるとき、神々の前で、「今日この日に生まれる者が、周囲の人間全てを─わたしの血を引く者たち（ペルセウスの子孫のアルゴス人）を、治めることになるだろう」と宣言する。彼は、その日にテバイで生まれるはずのヘラクレスを念頭に置いていた。ところが、妃のヘラがそれを聞き、周到にも、その宣言の遂行をゼウスに誓わせた上で、天から急いでアルゴス地方に降り立ち、ヘラクレスより月齢的に若干下だったエウリュステウスを─ヘラクレスの十ヶ月に対し、まだ七ヶ月だった後者を─、先に誕生させてしまった。それでエウリュステウスが、ミュケナイを含むアルゴス地方を支配することとなった。こういう結果を知ってゼウスは怒り狂ったが、後の祭りだった（『イリアス』）。

この神話に関しても、ウェストは、オリエントの例を引き合いに出す。『旧約聖書』におけるイサクの子供たち、エサウとヤコブをめぐる話である。このペアは双子の兄弟であるが、すでに胎児の段階から良い仲ではなかった―母胎の中で蹴り合ったりしたらしい―、そしてエサウが先に生まれたが、後から出たヤコブは、先に出すまいとするかのように、兄のかかとを掴んでいたという。兄エサウは生まれつき毛むくじゃらで、狩をしながら野山で過ごす武骨者、他方の弟ヤコブは、肌の滑《なめ》らかな、素直な性質の男で、家にいるのを常とした。父は兄を、母レベッカは弟のほうを愛した。その後、高齢になった父が、目もろくに見えなくなってきたある日のこと、エサウに族長の権利をもたらす祝福を与えようと思い、狩で得られた獣の肉を食べてから祝福を与えると約束し、狩に行かせる。ところがそれを盗み聞きした母が弟を呼び、彼の首や腕に仔山羊《こやぎ》の皮を被《かぶ》せ、自分の作った肉料理を持たせて、兄より先に父のもとに行かせる。目の見えない父は、「声は弟のようだ」と少し不審を抱くが、けっきょく剛毛の皮に騙《だま》されて、「諸々の民はお前に仕えよ」、「お前は兄弟の支配者となれ」などと祝福の言葉を与えてしまう。エサウが獲物とともに戻ってきたときはもう手遅れだった。この結果にイサクは愕然《がくぜん》とするが、エサウに別の祝福を与え、お前は兄弟に仕えねばならないが、やがてそのくびきから脱することになるだろうと言う。なお、ヘブライ語で、エサウの名はまさに「毛むくじゃら」の意、それに対するヤコブの名は「取って代わる者」または「狡猾な者」の意味を表わすらしい。

狩猟を好む野人エサウが毛むくじゃらな男だという点は、獅子皮を身にまとい、棍棒や弓で野生の怪物を退治して回る筋骨漢ヘラクレスに似ている。他方、肌の滑らかな優男《やさおとこ》という感じのヤコブは、ヘラクレスが捕えて連れ帰る怪物たちを見て恐怖に駆られる軟弱なエウリュステウスに対応させうる。なお、上記の箇所の後で、兄に対するヤコブの恐怖が述べられている。

主人公として、対照的に、ギリシア神話では「取って代わられた者」、『旧約聖書』では「取って代わった者」が選ばれる。

神話的・英雄的と、歴史的・現実的と

物語の全体的な性格として、この場合も、ギリシア版は神話的であるのに対し、他方のヘブライ版は伝説的ないし歴史記述的である。『聖書』の話におけるエサウは、死海南方に住んでいたエサウないしエドム族の長を表わし、他方のヤコブは、その後イスラエルと名乗る人物で、イスラエル部族の祖となる。そしてくだんの物語は、両部族の歴史的相克を反映していると思われる。エドム族のほうがカナンの地でより古くから発展したらしいが、のちにダビデの率いるイスラエルに服従することになった。他方のギリシア版では、神々の他、ヘラクレスもゼウスの直接の子であり、相手のエウリュステウスも、祖父ペルセウスを通じてゼウスの子孫に属している。そういう神々と英雄に対して、ヘブライ版でのヤコブらは純粋な人間である。

また事件の展開の仕方も、ギリシア版は神話的、超自然的である。ヘラは、二人の胎児の誕生順序を逆にする画策の一つとして、エウリュステウスの生誕を無理やり早める一方、運命女神モイライに、ヘラクレスの誕生を阻止させる。他方、ヤコブ兄弟の母にそのような超自然的な力はもちろんなく、ただその人間的狡知を、目の見えない夫の欺瞞《ぎまん》のために利用するだけである。

さらに『旧約聖書』では、「取って代わった」男が、その後、紆余曲折はあるものの、そしてエサウの怒りを恐れ、出奔して、二十年もよそで苦労して過ごすことになるものの、それからやっと帰国し、エサウと和解する。ヤコブから、ユダらイスラエルの諸部族の祖が生まれ、エサウの子孫をも従えるようになる。力の弱いほうが、苦難を経て、狡知と苦節を報われ、逆説的に一族の繁栄という成果を得る。ヤコブについても、河神と組み合ったという力業が取ってつけたように語られるが、この要素は彼の本領には属さない。

『旧約聖書』では、地上の子孫の繁栄が謳われ、現実面への関心が表に出されるが、それに対し、神々への仲間入りが語られるヘラクレスの物語では—その後の子孫の観点も部分的に含むが—、驚異的な力と忍耐力とを通じて天上に導かれるという、神話的な展望が眼目になっている。一方での地上的勝利に対し、ギリシア神話では天上での栄光が成果である。ヘラクレスの地上の生に関する限りでは、彼をいじめたミュケナイ王＝「取って代わった者」のほうが長生きをするのである。

苦難の人生の克服という共通項はあるが、「生き抜く力」の表現としては、ヘラクレスの物語のほうが、よりまっすぐである。空想的願望に、素直に身を任せているという意味である。神話的環境の中で、自分の昇天を神託により約束されている彼は、英雄的活動に打ち込む。「取って代わられる者」は力持ちのほうなので、ストーリー的に適合する内容である。

他方ヤコブは、文字通り労働者的な下積みの苦労を重ねてゆく。「取って代わる者」は非力のほうであり、その意味で平凡な人間なので、超人間的・神的なものには頼れない。彼にとって「昇天」は論外である。自分の限界を知りつつ、自分の中にある力を用いようとする。現実直視の精神に基づく物語とも言える。

英雄神話的闘争と、現実主義的労苦・努力との選択の違いが、二つの物語の間にはある。ヤコブはイスラエルの別名であり、この国の名祖である。他方、ヘラクレスはギリシアの英雄を代表する。両文化圏の特性の相違がここには反映されているかもしれない。

5　幼児ヘラクレスと二匹の大蛇
――「辛く喜ばしい」苦闘の始まり

大蛇を両手で絞め殺す赤ん坊

まだ赤ん坊の可愛いヘラクレスが、二匹の大きな蛇を両手で絞め殺すという神話は、古代の美術においても愛好され、現代でもそういう作品が展覧会の一つの目玉にされることがある。

詩人ピンダロスは、この出来事を、英雄が生まれ落ちてオムツにくるまれたばかりのときのこととする。ヘラが彼の誕生に気づくなり、怒りに駆られて、二匹の大蛇を、英雄と弟が眠る寝室に送りこむ。しかし赤子のヘラクレスは、ものの見事にそれを退治する。

幼児ヘラクレスと大蛇（2-3世紀、ローマ・カピトリーノ美術館）

> 彼ら（蛇ども）は……寝室の広々とした奥まで這い寄った。敏捷な顎《あご》に子供たちを飲みこもうとはやっていた。しかし彼（ヘラクレス）は、頭をまっすぐ立てると最初の戦いを試み、逃れがたい二本の手で二匹の蛇の首すじを掴まえた。時が、締め付けられる彼らの魂を、驚くべき胴体より吐き出させた。

幼児は、産着《うぶぎ》にくるまれたまま頭を起こし、自由に動かせるらしい両腕を使って、生まれて早々の戦闘を行なう。そして、蛇どもの首を一定の時間じっと締めつづけ、とうとう息を絶えさせた。

騒ぎに駆けつけた父は、ただ呆然とするだけだった。辛くまた喜ばしい驚きに捉われ、立ち尽くした。息子の並はずれた英気と力とを目にしたからだ。父が、ヘラクレスの早々の偉業を見て単純には喜べず、「辛くまた喜ばしい」という、夢と不安をともに含めた気持ちに襲われたのは、生まれてすぐの息子にヘラの憎悪が示されるのを認めたからである。しかしこの詩の続く箇所では、英雄が難業を果たし、巨人族戦争で功績を挙げて天に昇り、至福を得たことまで言及される。

「古い」国際的な話か

伝承において、幼児ヘラクレスのこの功《いさお》に関する記述は、ピンダロスにおいて初めて見出される。他の作品や資料、前三世紀の詩人テオクリトスの第二十四歌などは、ほぼピンダロスに基づいている。

しかしピンダロス自身は、それを語り始めようとするとき、「古い話」を呼び起こそう、活気づけようと言う。資料的には今日まで伝わっていなくとも、彼以前にさかのぼる話であるかもしれない。ピンダロスは、ヘラクレスの誕生地テバイの人であり、以前から、同郷の英雄の誕生時や幼児期にまつわるこの種の物語を耳にしていたのかもしれない。ただそれは「古い話」として忘れられかけていた、それをいま活気づけようと詩人は言うのである。もちろん、そこに、彼独自の個性化や細部の潤色が加えられているだろう。しかし元は、以下に述べるように、国際的な拡がりを持つ話だった可能性がある。

オリエント神話との比較

まず、オリエントの神話と比較することにしよう。ウェストは、いくつかのメソポタミアの印章で、神または英雄が、両方の手で巨大な蛇を一匹ずつ掴んで絞め殺そうとしているらしい場面を描いている例を引く。カドモスがフェニキアからギリシアに移住して建設したと言われる古テバイ（カドメイア）の宝蔵から、似たような印章図像が発見されている。神話的、図像的イメージの点では、くだんのヘラクレス神話にアイディアを与えたという可能性がある。

しかし、他方では、そういうオリエント的な例は、神または英雄による怪物退治に関連するものであり、この点では、ヘラクレスが成人してから行なう水蛇怪物ヒュドラとの戦いには呼応しても、この産着に包まれている幼児の手柄話とは大きな違いがある。

ピンダロスの言う「古い話」が具体的にどういうものだったか、詳しいことは分からないが、少なくともここで語られる神話でもっとも特徴的なのは、幼児の英雄が驚くべき活躍をするという点である。ペルシアの説話でも、子供の驚くべき成長という話があることはたしかである。しかし、生まれたての赤子がそのように奇跡的な働きを見せるという話は、オリエントには見出しがたい。オリエントの神話では、幼児は、もっぱら女神に養われ授乳される存在として現われる。

結論的に、オリエント神話からの決定的な影響は考えにくい。

ギリシアや北欧の神話における幼児神の活躍

他方、ギリシア神話ではこのモチーフは、幼児ヘラクレスに限らず、他の者にも適用される。ただしそれは神々である。

トリックスター的な神ヘルメスは、生まれるとすぐに目覚しい働きを示す。彼は、

暁に生まれ、（同じ日の）真昼には竪琴をかき鳴らし、夕方には、……アポロンの牛どもを盗んだ

（ホメロス風『ヘルメス讃歌』）

という。

またアポロンは、より後代の説では、デルポイ（デルフィ）の神託所を創設したときまだ子供だった、その地に以前からいた大蛇ピュトンを殺したが、そのとき神は、母の腕に抱かれる、誕生後四日目の子だったという（ヒュギヌス『神話集』）。

こういう超早熟な神の物語は、他国にも見出される。例えば、インドの神クリシュナや、北欧の神ヴァリである。後者は、生まれた日の晩に、神バルドルのための復讐の旅に出かける。ゴータマ・ブッダが、生まれるなり歩んで、「天上天下唯我独尊《ゆいがどくそん》」と言った、という話も想起される。ピンダロスの言う「古い話」は、そういう「国際的」な物語の古層に共通起源を持つのかもしれない。

より直接的に関連させうる文献として、そのアポロンの誕生談を扱うホメロス風『アポロン讃歌』

での叙述が注目される。ゼウスとの愛によって、アポロンとアルテミスを身ごもっている女神レトは、各地を彷徨いながら産み落とせる場所を探すが、どこの地も、女王ヘラの怒りを恐れて首を縦に振らない。最後にレトは、デロス島にやって来た。彼女は、もしわたしがここでアポロンを出産することを認めてくれたら、その後はきっとお前は、ここに建てられる神殿への参拝客のおかげで栄えることになるだろうと説き、デロス島は承諾する。出産場所を得たレトに陣痛が訪れる。アポロンが陽のもとに生れ落ちると、白い産着に包まれ、黄金の紐をその上から巻かれた。ところが、アポロンがいったん神々の食べ物（アンブロシア）を口にすると、強力になった彼を、もはやその黄金の紐は押さえつけておくことはできず、ほどけてしまう。そしてアポロンは、「わたしに竪琴と弓を与えよ、人間たちにゼウスの考えについて託宣を与えよう」と第一声を放ち、歩き回った。それからデルポイに行って、大蛇ピュトンを倒すのである。

この讃歌は、ピンダロスの創作に影響を与えているかもしれない。彼の言う「古い話」は、印章の図のようなおおまかなもので、細部は固まっていなかったかもしれない。この『アポロン讃歌』は、詩人のヘラクレス描写にとって基本的な諸点を含んでいる。ゼウスの子、ヘラの迫害と敵対、誕生後すぐの活躍ということである。しかし、『アポロン讃歌』では、ドラゴン退治の際の神の年齢などに言及はないが、誕生後、一気に成長したというので、年齢的には「赤子」ではあるものの、母に抱かれる身でという前記の説とは異なり、身体的にはすでに一人前だったと見られる。神がオリュンポスに昇ってきたとき、ゼウスと母神レト以外は、弓を引き絞って見せる彼の姿に、戦々恐々とした。ヘラもすでに怖い相手ではないという態である。そういう不羈《ふき》の、偉丈夫的な「赤子」が、自らの意志で大蛇に向かい、その地を我がものにする。

幼児の「辛く喜ばしい」手柄

以上をまとめると、オリエント神話とはむしろ対照的な話として、ここでは、怪力の幼児の驚くべき活躍が語られる。他方、北欧やギリシアの幼児神と比べると、ヘラクレスはあくまで人間の幼児であり、しかもそれでもすでに女神の迫害にさらされている。怪力を発揮して、必死に危機を乗り越えはしたが、生涯を通じてその迫害に苦しめられることを思えば、無邪気に笑うことはできない。しかし、誕生直後の話から始まるピンダロスのこの詩では、英雄が、世界各地で果たす難業と巨人族戦争での功績とを経て最後に天上に至り、永遠の平和を得ることまで、全生涯的に総観される。

ギリシア以外の神話でもそうであるように、『アポロン讃歌』の主人公は、一挙に頂点へ登り詰める。悠々楽々とものごとを為し遂げる幼児神の彼らの行路に、不吉な影は落ちていない。しかし、神とは異なり、苦難を経てやっと栄光に辿り着く人間英雄の生涯全体を予告的に描くのが、幼児ヘラクレスの「辛く喜ばしい」手柄話である。

6　ライオンの征服者
——不死身とセックス・アピールをかなえる毛皮

二度のライオン退治

ヘラクレスのライオン退治は二度語られる。一度目は十八歳のときで、ギリシア中部キタイロン山にいたライオンを倒した。山の麓にある町テスピアイの王が、それを依頼した。そのとき、ヘラクレスを五十日間もてなした、そして彼のため、毎夜自分の五十人の娘に代わる代わる夜伽をさせたともいう。このライオン退治談での戦いの模様自体は詳しくは語られないが、彼が立派な男になりつつあるということを、精力の誇張的エピソードとともに語るイニシエーション（成人儀礼）の物語と見なせる。イニシエーションの慣習自体は、ギリシア的とも非（前）ギリシア的とも特定されない。ただし、獲物がライオンという点は、後記のようにオリエント的である。

ライオン退治のモチーフは、すでに挙げたアルカトオスという英雄に関しても用いられている。このモチーフが、神話においてよく使われた古来の―オリエントにもさかのぼりうる―伝統的なものだったことをうかがわせる。ヘラクレス神話の中でも二度利用されるわけである。

ただ、説話の役割上は、ニルソンの言うように共存している。前のライオンについては特に超自然的なことは言われず、いわばふつうのライオンであり、少年のヘラクレスが、イニシエーション的冒険の中で倒す相手になるのに対し、二度目のは、すでに成人した英雄にふさわしい神秘的怪物であり、恐ろしい面がより強調される。月あるいはその他の星から降りてきたモンスターとも言われた（エピメニデス断片）。いわば、地球を攻撃する宇宙生物の先駆けである。

「傷つけ得ない」ライオンと、その神秘的な毛皮

二度目のライオン退治の舞台は、ギリシア南部ネメアの谷である。このライオンは、冥界の奥所を意味するタルタロスの子孫で、「傷つけ得ない」獣だったという。英雄はまず弓で射たが、効果はなく、次に棍棒を振り上げながらライオンを洞窟に追い込んだ―暗黒空間である洞窟は、冥界につながる存在にふさわしい住処である―、そして一方の入り口を塞いで別の入り口から入り、ライオンの首に手を巻きつけて絞め殺した。弓などの武器では傷つけ得ないので、術策と素手とを用いて、外見は無傷だが窒息死させたのである。この獣の皮をはぐのに、ふつうの武器では「傷つけ得ない」から、ライオン自身の爪を用いたともいう。そして、その毛皮を身にまとった。英雄を覆《おお》ったのは、一回目のライオンの毛皮だったという伝承もある。しかし、それは鋼鉄のような武具だったと言われるので、ネメアのライオンのほうがふさわしい。

ライオンとの戦いは、武勇伝であるとともに、棍棒と並んでヘラクレスのトレードマークであるよろい兜をその成果として得させる。牙をむき出しにしたライオンの頭部を頭にすっぽりかぶり、その二本の前肢を胸の前で結び合わせる。この際、「ヘラクレス結び」と称される、最強の結び方が

ライオンの毛皮を（「ヘラクレス結び」で）着けたヘラクレス（ゲリュオネスとその飼い犬との戦闘場面。キュリクス（杯）、アッティカ赤像式、エウプロニオス作、前510–500年頃。ミュンヘン古代美術コレクション）

取られた。ライオンの皮が、よろいの代わりに英雄の背中を覆《おお》っている。

それは、死んだ後も神秘的な力を発揮した。アイアス（大アイアス）が生まれたての頃、ヘラクレスが彼の父の家を訪れ、自分のライオンの皮にくるんで、「この皮と同様の傷つけられない身体を、この子に授けたまえ」とゼウスに祈った、それは叶えられたが、英雄の両手に摑まれていた身体部、つまり脇の下は、皮に覆われていなかったので、そうならなかったという話がある。「アキレス腱」的な民話モチーフである。

ライオンにかかわるオリエント的モチーフ

民話的という点は、この説話要素がとくに外国由来ではないことを意味するが、他方で、ネメアのライオン退治が、試練の一つとして、エウリュステウス王への服属と関連づけられる点は、オリエント的モチーフとも解される。W・ブルケルトは、ヘラクレスを「動物を飼い馴らす」人物として捉え、彼に対応する「二頭のライオンを飼い馴らしている」者を描く後期ヒッタイトのレリーフに言及して、そういう「レリーフの装飾をつけた台座の上に」、彼が仕えるらしい神または王の像が立てられていると述べている。

ライオン退治という説話要素が、基本的にオリエント由来という点は確かと思われる。ライオンは、ギリシア本土では、すでに新石器時代に棲息しなくなっていたようである。ホメロスでライオンの比喩がしばしば用いられるが、そこではこの獣は「決して吼えない」という点が注目され、ギリシア人が「この威厳ある動物を知ったのは、ただ声を発しない（オリエントの）図像からだけであったか」とブルケルトは記す。前五世紀に、北方のオリュンポス山麓で、プリュダマスという運動競技家がライオンを倒したといった話があり、同世紀のヘロドトスも、古典時代にギリシアの北方でライオンが見かけられたと記している。しかしこれは、ウェストの言うように、ギリシア本土そのものではそうではない、の意味合いと解される。レヴァントや北アフリカではライオンは後世まで棲息し、オリエントの文学や美術ではそういう実物の観察に基づいて描写していることは間違いない。ライオンの皮をまとい、という点も、バビロニア叙事詩の英雄ギルガメシュなどに類例を求めうる。またライオン殺害のモチーフが、キタイロン山での冒険談とダブっているが、ギルガメシュも複数のライオンを倒すので、この点もオリエント神話に対応し、その影響という可能性もある。ライオン退治の神話には、外的要素がかなりかかわっているようである。

精力の権化的ヘラクレス像――オリエント文化との相違

戦争に明け暮れるアレクサンドロス大王たちが、ヘラクレスの姿を真似ることがあったのは、権威づけとともに、「傷つき得ない」毛皮の力にあやかりたいと思ったのかもしれない。野獣の強壮な力に憧れたのであれば、ギルガメシュらにも当てはまるだろう。

しかし、裸体に獅子皮をまとうヘラクレスのポーズを、コンモドゥス帝等、歴史人物が次々に取って見せたのは、きわめてギリシア・ローマ的現象である。小アジアのミトリダテス王のような、半ばオリエント系の王がヘラクレス気取りをすることはあったが、これはギリシア的な文化伝統の影響下にある。裸体を見せることを忌むペルシア王らには、そういう真似は思いも寄らなかったであろう。これはエロス的な含みを示唆するが、ドイツ語で言う「フラウエン・ヘルト＝女性の間の英雄」、女たらしが、じっさいにライオンの皮をかぶって、男性的魅力をアピールしようとしたこともあるらしい（アリストパネス『蛙』）。サムソンも女好きだったが、そのように性的魅力や精力の権化としての側面をヘラクレス像においてことさら発展させるのは、ギリシア・ローマ的である。永生と関連する

ヘラクレスとしてのコンモドゥス帝。左手にはヘスペリデスの園の林檎（2世紀。ローマ・コンセルヴァトーリ美術館）

若さ願望の特殊な形態がここには見出される。

7　水蛇怪物ヒュドラ——再生するドラゴンを倒す英雄の「再生」力

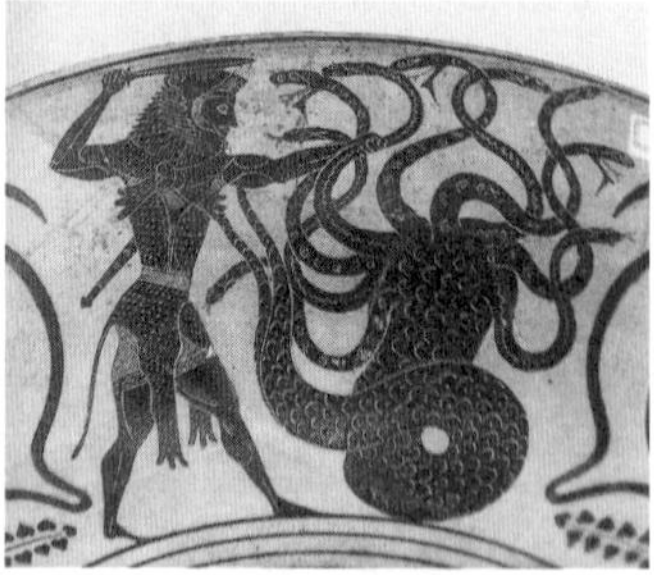
ヒュドラと戦うヘラクレス（黒像式杯、前6世紀。ナポリ国立美術館）

多頭かつ再生するドラゴンの恐怖

幼児のときに襲ってきた二匹の大蛇はヘラに操られていたが、長じてから戦う水蛇的怪物ヒュドラもヘラに養われた。肢体はいくつあっても、頭が一つならそれを潰せばよいが、この怪物は九個あるいはもっと多くの頭を持つ存在であり、頭脳中枢部がたくさんある分だけ、倒すのは困難になる。二匹の大蛇相手よりさらに恐ろしい戦いとなるが、しかもそれは、再生能力を持っていた。この神話的怪物の名をもらった、しかし体長一センチほどの腔腸動物ヒドラにも再生能力があり、さらに、プラナリアというプランクトン的な小動物は、体のどこを切られても再生し、それぞれの切断部が新たな個体になるという。多頭の巨大なドラゴンがそういう能力を持っていたら、恐怖は言い表わせないであろう。なお、ドラゴンは蛇状またはそれに類する形態のモンスター一般を指す。蛇の形状自体が、人間の恐怖を誘いやすい。

棲息地周辺の水の豊かさと神秘的恐怖、または生と死の二重イメージ

アルゴスの湾沿いにレルネの沼がある。この沼沢地に属するアミュモネの泉付近に、毒気を吐く、あるいは毒の体液を持つヒュドラのねぐらがあった。

アルゴス周辺の土地はきわめて水に乏しい。そこの河は、雨季以外には水が流れず、夏には干上がってしまう。しかし、レルネ河だけはそれを免れている。この河が流れ込むのがレルネの沼で、この付近はいつも水が豊かである。およそ十二本の泉がこの沼地では湧出しているという。その一つに、アミュモネの泉があった。アミュモネは、もともとはエジプトから移住してきたダナオスの五十人の娘の一人で、ほかの娘たちが、おのおのの花婿を初夜に殺すという所業に出たのに対し――一人だけ思い止まった――、彼女は当初からそれに関係していない。水の乏しいこの地で水源探しに出た折に、ポセイドンから愛される身となった。神がその報いに、三叉の矛を岩に突き刺すと、泉が三本の水流となってほとばしり出た。それがアミュモネの泉と名づけられた。

他方アミュモネの姉妹たちは、手に掛けた婿たちの体を市の前の土地に葬ったが、頭のほうは、切り離してレルネに埋めた。男たちの頭が沼に浮上してくることがあると、土地の人々は信じていた。

この沼沢地には、ほかに、アルキュオニア湖という底なし沼があった。ネロ皇帝が、数本のロー

プを何百メートルもの長さにつなぎ、先端に鉛をつけて沈めたが、底を知ることはできなかったという。この、それほど面積はない湖は、静かで穏やかな水面を見せている、ところが、誰かが泳ぎ渡ろうと企てると、底に引き込まれて行方不明になってしまうという。ここは、死の世界に通じる淵である。

この湖からディオニュソスが冥界に下り、母セメレを連れ出して天上に導いたと語られる。さらにこの話に関連して、ディオニュソスの秘儀儀式がそこで行なわれた。秘儀儀礼では、死と再生がテーマになる。奥底知れぬ水の世界への恐怖が、しかし同時にそこに宿されている生命力への希望が、アルゴスの乾いた平野にある水豊かな沼地の情景の中で喚起される。

ヒュドラの不死の頭

再生は、ヘラクレスがここで戦う怪物の特徴でもある。巨大な体のヒュドラには九個の、伝承によっては最大で百個の頭があり、一つを打ち落としても、新たに二つの、または三つの頭が生え出てきた。それで英雄は窮地におちいったが、最後に甥イオラオスに、それぞれの頭を松明の火で焼かせ、その血を涸れさせて再生を阻むことにより、伐り倒すことができた。戦闘中、大きな蟹が、ヒュドラの「戦友」として現われたが、踏みつぶして殺した。

ヒュドラの中央の頭は、切り落とされて街道沿いに埋められ、大石を載せられた。一種の名所になったのかもしれない。道行く人が、「この石の下に、ヘラクレスがかつて打ち落としたヒュドラの頭が埋められているそうだ」と語り合う場所になったのである。しかし、これだけは、ほかの頭と違って「不死」の頭だという。いつ復活して現われるか分からない。また、この地に密接に関連するポセイドンは、地震も司っている。そういう大石も容易に揺り動かされるかもしれない。ちなみにこの伝承は、鹿島神宮で、地震を起こす大鯰を抑え込んでいるという「要石」のことを想起させる。

オリエント神話からの影響と相違点

レルネ独特の土地情況に由来する側面の他に、オリエント神話からの影響がこの話には見られると多くの学者が考える。オリエントの印章には、しばしばライオンなどの動物の皮を身に纏《まと》った神または英雄が、棍棒や弓を持った姿で描かれる。その中で、そういう英雄が、単独または二人連れで、多頭、しばしば七頭の蛇的怪物と戦うさまが描かれている場合がある。

そういう蛇の戦友として、蠍《さそり》がいることもある。例えば、前九ないし八世紀の新アッシリア（メソポタミア）時代の印章では、巨大な蠍と蛇が一人の男の前に屹立《きつりつ》し、それに向けて彼が矢を放とうとしている。別の印章では、蠍が男のすぐ背後から迫っている。ちなみにギリシア神話で、古い英雄オリオンが蠍にかかとを刺されて死に、その後、ともに天空に昇って、オリオン座と蠍座になったという話があり、オリエント起源かもしれない。

恐るべき蠍は、ヘラクレス神話では巨大な蟹になる。湖沼地帯を舞台にするこの神話では、蟹がふさわしかったということだろう。蟹には、オリオンを殺した蠍が持つような毒はないので、英雄の敵としては物足りない感も与えるが、少なくともこの蟹は、ヘラによって、ヒュドラを助けるべく戦場に送りこまれたものであり、死後は星空に上げられて星座となった。ふつうの蟹ではなく、神話的には恐ろしい生き物だったのだろう。蟹と戦うオリエントの英雄の話も知られている。

しかし蠍は、オリエントの神話では、王と敵対する民族のメタファーになっていると見られるのに対し、ヘラクレスのヒュドラ・蟹退治には、政治的意味合いは認められない。また、オリエント神話で、陸生動物の蠍と結託している蛇は水蛇ではないであろうし、その多頭は、数量的な脅威は表わしても、ヒュドラのように、地中から噴出する水のごとく、強靭な再生力で繰り返し襲い来るというまでの恐怖の的ではなかっただろう。

他方、水蛇ということに関連して、『旧約聖書』におけるリヴァイアサンの神話が引き合いに出される。このドラゴン的怪物は、猛り狂う海を象徴し、天空神ヤハウェの敵である。より古いカナンの神話で、七頭の蛇として想像される海を表徴するヤンムが、最高神バールによって倒されるという神話に源を持つらしい。これは、天と海との、宇宙的な闘争の神話である。

宇宙闘争的な説話と、このヘラクレス神話とは、性格を異にする。毒気を放つヒュドラの退治は、土地の人々を利する行為ともなったが、それは結果である。これは、もっぱら、ヘラの悪意によって立ち向かうことを強いられた、人間個人の運命と生死をめぐる試練の一つである。敵の再生能力という要素は、リヴァイアサン神話にはありうるだろうが、少なくともメソポタミアの神話にはない。また、リヴァイアサンと戦う神には、そもそも命の危険はない。このギリシア神話では、危機と恐怖がそれだけ強調される。

再生する水蛇怪物、「再生」する英雄

この退治談の背景をなす一連の神話でも、水の恵みとともに、水の世界の不気味な神秘性や、その力の御しがたさが表現されていることを見た。水蛇の、切っても切っても再生する頭は、どこからでも新たに噴き上がって洪水も引き起こしかねない、豊富にすぎる水の力を示唆しうる。そういう点で、この湖沼地域の特徴に呼応した神話であり、そこから、水蛇的怪物を倒したという神話は、英雄が治水技術を発揮したということだとする現実的な寓意解釈が古来行なわれる。しかし、たしかに治水土木的な働きは、アウゲアス王の牛舎掃除の際に、近くの二つの川の流れを変えてそこに流入させ、一気に洗い流したというエピソードでも発揮されるが、それは命の危険を伴う冒険ではない。ヒュドラ退治の話では、生死を賭けた闘いが行なわれる。ここはあくまで英雄神話的な冒険談になっている。

再生のモチーフが、ヒュドラ退治談をめぐる共通的特徴である。それは、周辺の神話でも、「兄弟」ディオニュソスが死せる母を甦らせたという話や、彼のそこでの秘儀の儀式、あるいは「浮き上がる首」の恐怖談などに現われている。正負の、希望と恐怖両方の意味合いがここには含まれる。敵の恐るべき再生力を制し、封じるためには、容易《たやす》くめげない、並々ならぬ総合的能力が求められる。ヘラクレスは、水蛇怪物が再生し続けるのを見て戦術を変え、知恵を働かせて、火を用いるこ

とによりその力を抑えてから倒す。追い込まれ、万事窮しても、やがて力を回復させながら、柔軟な戦術を投入する。第一章で触れたモリオネとの闘争でも、敗走の後、甘い水を飲んでいわば息を吹き返し、その後に挽回して復讐したいきさつが語られている。ヘラクレス自身のそういう「再生」能力、適応しながら危機をしぶとく切り抜け、最後に勝利を収めるタフさを、しかも知恵者的な面も発揮する英雄を、この神話は表現する。

8　永遠の命を与える植物

死との闘争と、世界の彼方へ繰り返される旅

英雄は怪物たちと戦い続ける。人間の破滅をもたらすモンスターたちは、死の比喩であるとも見うる。そして死こそが英雄の最大の敵であり、同時に、彼の真価を示すのに絶好の冒険対象となる。ヘラクレスの闘争相手には、死をより直接的に表わす存在、死神や冥界神ハデスも数えられる。しかし、この種類の闘争神話は発展しなかったらしい。少なくともわれわれに詳しくは知られない。

エウリピデスの悲劇『アルケスティス』で登場する死神は、英雄の壮大な冒険を仕立て上げる神話にとっては、やや物足りない相手かもしれない。もともと民話的な、マイナーな神である。その劇では、下っ端役人が税を取り立てるように死人を連れてゆく役割をする。同類の「老年」という、老いさらばえたみすぼらしい存在を、英雄が棍棒で懲らしめる美術資料もあるが、神話的にはやや

り発展させられていない。

他方、冥界の神ハデスは、ゼウスの兄弟に当たる大物である。彼の本領の地下世界は、ゼウスの領する天界と均衡し合いながら、宇宙全体の調和をなしている。ヘラクレスと彼との戦いは、ごく簡単にしか語られない。死の世界全体を支配する大王と戦う、そして場合によっては倒すということは、宇宙全体の秩序の破壊に直結する。世界全体を管理するゼウスの子ヘラクレスのことを語る神話作者たちにとって、それは敷衍しがたい主題である。日本の神話でも、高天《たかま》が原《はら》と冥界とは、対立しつつもバランスを取っている。そういう形の秩序観念は、東西に共通する。今述べている「死の征服」というのは、より限定的な範囲のことである。

ハデスとの正面衝突の代わりに、冥界の番犬ケルベロスを連れ出すという冒険が語られる。これは、地下世界の巨大な怪物という点で、申し分ない相手となる。アポロドロスの記述で、ハデスは、甥に当たるヘラクレスのこの英雄的試みを、「素手でつかまえられるなら」やってみろと許したという。冥界神に対してゼウスの子としての力を証明し、昇天の「資格」をより確実にするのである。

それを含めて十二難業の最後の三つは、いずれも、もともと死の制覇を表わしていたらしい。標準版的な順番で、十番目の試練が、三頭の怪人ゲリュオネスのところから牛を奪ってくること、十一番目が、ニンフのヘスペリデスの園から黄金の林檎を取ってくること、最後が、この冥界の番犬を連れ出してくることとなっている。そして前の二つは、世界の彼方への、最後のは、地下世界への旅であり、そういうまさしく神話的な冒険旅行の下に、死との闘争が三度繰り返されることになる。ヘラクレス神話の最大のテーマだからである。

「彼岸」としての極西と、二度の西方旅行

繰り返しという特徴は、西方への旅が重なるという点自体にも認められる。

怪人ゲリュオネス（別名ゲリュオン）のいた場所は「エリュテイア」と称し、これは「赤い地」を意味する。英語「レッド」などと同語源であり、夕日の沈むかなたである。もちろん「赤い」ということであれば、朝焼けの地、東の果てという可能性もそれ自体はあり得る。次節で触れるメソポタミア神話において、老賢者ウトナピシュティムも、東の果てで永生を享受していたらしい。ギリシア神話でも、東から昇る曙の女神がトロイア王子ティトノスをさらって不死の身にしたといった話がある。しかし、ゲリュオン関係の神話では、ヘラクレスがリビアなどを経て西方へ向かったということがはっきりさせられている。

ヘスペリデスの園も極西にあったようである。しかし古代には、その方面に関して、他の説もあった。おおよそは標準的なアポロドロスの『ギリシア神話』でも、それは極北の地だと主張されている。しかしその口ぶりは、あえて異論を唱えるという態《てい》である。おそらく、ゲリュオネス冒険と合わせると西方への旅が重複することに違和感を覚えたのであろう。

ヘスペリデスは「ヘスペロス＝夕方」の語に由来し、これ自体が陽の沈む方向を示唆する。そして彼女たちには、「エリュテイア＝（ここでは）赤い乙女」という名のニンフが含まれる。また「ア

イグレ＝輝く乙女」というニンフもいるのである。すでに前七世紀のヘシオドスが、それを「大洋の彼方」と言っている。姉妹の父とされ、頭と両肩で天球を支えていると言われたアトラスは、アフリカ大陸西北部の「アトラス山脈」と同一視されたが、彼が立っていた場所は、ヘシオドスによると、「地の果て」、ヘスペリデスの「前方」である。ヘスペリデスは、ゲリュオネスの地と同一ではないが、同じ方面に住まっていた。

ところで西の海は、赤い夕日がかなたに沈む場所として、情緒的な憧れを誘う。「西方浄土《さいほう》」は、そういう懐かしい極楽的イメージに包まれている。ところが、陽は沈んで終わり、ではない。ふたたび昇ってこなければ、人間は困ってしまう。エジプト神話では、太陽とともに人間の霊魂を、地上の大洋に対応する「空の大洋」上で航海させつつ、日没と日の出とを明瞭に一組にする。西に沈んだ後、太陽は、地の下側すなわち冥界をやはり船に乗って東方に戻り、また空へ昇るのである。そういう太陽の循環を、その連れとなる霊魂も辿ることになる。

そういうエジプト神話に、ヘラクレスの西方旅行談がどの程度影響されているか、はっきりしたことは言えないが、ゲリュオネスの神話でヘラクレスは、太陽神の杯または船を借りて、その怪人の地に渡航したという点は、エジプト神話とのつながりを思わせる。

ただその前に、英雄が、暑すぎるということで太陽神を弓で射ようとした、神は怒って止めるよう命じたが、彼の気概に感じて自分の船を貸与したという語りになっており、太陽神をあがめるエジプト神話と少し異なる。英雄が神を棍棒で脅すという描画も壷絵に見出される。さらに、渡海中、荒い波を起こすオケアノス＝「大洋」にも弓を向け、恐縮させたという。

　また太陽神は、聖なる家畜群を所有するとされた。他方、ゲリュオネスも牛群の所有者だった。そして、太陽神の牛群がエリュテイアなる地にいたともいう。これはゲリュオネスの地と同じ名である。

　この連関を辿ると、英雄に一時的に攻撃される太陽神と、彼に滅ぼされるゲリュオネスとは、通じ合う側面を持つ。全般に攻撃的な性質が、ゲリュオネス関連の神話を覆っている。太陽の沈む彼方への冒険旅行は、とりわけ大胆さと勇気を要求し、極度の緊張を強いるのである。

　しかしそういう、おそらくギリシア神話的発展は別として、太陽の「再生」に、霊魂のそれをアナロジー的に結びつける神話思考が、底で生き続けていることはたしかであろう。そしてヘラクレスには、それがきっと還れるようにしてほしい、あるいは彼自身がその神話モデルになってほしいという期待が託される。

　ほんらい同趣旨の目的を執念深く繰り返す西方旅行だが、一方の、おぞましい怪人ゲリュオネス相手の戦いでは、英雄は、力を用いて相手を倒し、その牛群を奪い、つまりその魂たちを死の王から奪い返し、それを連れ帰ってから、野牛の生息地のギリシア北方地域に放つ。牛たちの「再生」を通じて、あるいは野生の生命の豊穣を確かにして、それに依存する人間の生を守護する。牛などの唸り声を表わす「ゲーリュス」に由来する名の三頭怪人ゲリュオネスは、牛たちの霊魂を引き止める存在であり、そういう意味での限定的な領域における死の世界の王という性格を帯びている。

他方、ヘスペリデスの園は、ニンフ、つまり野山の泉などの妖精が住まう処である。よりパラダイス的な性格が強く、力を揮うのは似つかわしくない。そこの宝を守る竜も話に出て来るが、それをヘラクレスが退治したのかどうか、版によって一致しない。むしろ、彼の知恵の働きが表に出され、その成果もさらにシンボル的にされている。黄金の林檎である。これは、彼自身の永遠の若さを象徴する。

黄金の林檎という永生へのパスポート

ヘスペリデスの園のエピソードでは、不死をもたらす植物が関係する。ヘラクレスが、その地へ取りに行った黄金の林檎は、ゼウスとヘラとが結婚したとき、大地の女神からヘラに贈られたものと言われる。神々同士のいわゆる「聖婚」であり、大地の関与とともに、豊穣の祈念に関係する。不壊《ふえ》の「黄金」は神々の不死性に通じ、林檎の実は、広くパラダイス神話で現われる生命の樹・果樹に属し、愛情告白のため相手に投げつけるなど、愛や若々しい魅力のシンボルにされる。ヘラクレス的な永遠の若さをてらうコンモドゥス帝の像などに握られている。

それは、大洋の彼方にある「神々の園」に生えている樹の実であった。それを一匹の大蛇と、ヘスペリデスと呼ばれるニンフたちが守っていた。楽園的でもあるが、恐ろしい怪物もいる。その堅固なガードを破って、若さまたは永生の象徴を手に入れる。

ただ、ヘラクレス自身でその竜を退治し、林檎をもいだという版もあるが、より普及した話では、巨人アトラスに林檎を取ってくるよう頼んだ、その間ヘラクレスは、天の穹窿を彼の代わりに肩に担いだという。アトラスがここで絡んでくるのは、彼がヘスペリデスの父だったということに関係するらしい。林檎を手にして戻ってきたとき、アトラスは、自分がミュケナイまで持っていってやるので、しばらく天をかついだまま立っていてほしいとヘラクレスに求めた。するとヘラクレスは、では、それを支える頭のクッションを整えるので一時代わってくれと頼み、アトラスが林檎を地面に置いて天をかついだとき、それを持ち去った。知恵者ヘラクレスの側面が打ち出される。次節で述べる、蛇に出し抜かれたギルガメシュとは異なる。

美術資料で、ヘラクレスがその黄金の林檎を携えて天に昇って行き、ゼウスに示すという場面が描かれている例が知られる。ゼウスの後ろには、ヘラやポセイドンらが立っている。ヘラまたはヘベにその実を手渡すという場面を表わしているらしいものもある（テセイオン東面メトープ）。この果物は、ほんらい、彼の天上行のパスポート的なものだったらしい。また、ゼウスとヘラの結婚記念物なので、前記の、ヘラクレスおよびゼウスとヘラとの宥和を促すのにも最適である。そこへ行く途中、エジプトの悪王を退治するという働きもしている。

ただ、英雄はその後また別の試練に向かい、林檎のほうはアテナによって元の場所に返されたと言われるので、機能的に、ヘラクレスの偉大な功績とその神格化の準備を語るエピソードに過ぎなくなっている。不死の地位は、一度の働きだけで手に入れられるほど容易《たやす》くはないということだろう。

ギルガメシュの失敗と諦念、ヘラクレス神話における執念

ところで、オリエントの有名な叙事詩の主人公ギルガメシュも、彼方の世界に旅し、不死にしてくれる植物をいったんは手に入れたという。

彼は、前二五〇〇年頃のシュメール時代に実在した人物と考えられている。南メソポタミア地方、ユーフラテス河沿いにあった都市ウルクの王である。死後は冥界の裁判官になっているという。なおウルクは、『旧約聖書』でエレクの名で言及される。

彼を主人公にした物語は、シュメール時代の後期、前二〇〇〇年頃から短い叙事詩群として現れるが、まだ主題的にまとまった説話は発展していなかったようである。その後、前一八〇〇年頃の古バビロニア時代に、シュメールの叙事詩を利用してそれを発展させ大系化した『ギルガメシュ叙事詩』が成立した。前一二五〇年頃に最後の版（標準版）が成立し、一二書板の形で、比較的よい状態の下に知られる。バビロニア版（アッカド語）が、オリエント一帯に普及していたことは、各地でそのコピーが発見されていることから確かめられ、ヒッタイト語等、他の言語への翻訳もされた。ギリシア神話・文学への影響も当然考えうる。

主な内容は以下の通りである。

ギルガメシュはウルクを苛酷に治める。それで神々が、彼に対抗できる者として、野性児的なエンキドゥを創造する。やって来た彼とギルガメシュは戦い合うが、好敵手を得たことを知ったギルガメシュは、エンキドゥと親友になる。両人は「糸杉の森」に遠征に出かけ、そこの番人、怪物フ

ンババと戦う。そしてフンババを倒し、その首を持って帰国する。女神イシュタルが、ギルガメシュの美しさに惹かれ、求愛するが、彼に拒絶される。怒った女神は天に昇り、父のアヌから、「天の牡牛」を地上に送るよう求める。牡牛はウルクを荒らしまわるが、両人で退治する。神々は、二人のいずれかが死ぬべきことを決定する。その運命はエンキドゥに決し、彼は衰弱して死ぬ。ギルガメシュは、哀悼ののち彼を葬る。

死の問題に悩んだギルガメシュは、ウトナピシュティムを訪ねることにする。ウトナピシュティムは、大洪水を生き延びた男で、『旧約聖書』のノアに相当する。世界の（東の）果てにおいて、妻とともに永遠に生きる命を神々から授かっている。ギルガメシュは、太陽がそこから昇るマシュ山に到り、そこの番人「蠍男」とその妻から、長く暗いトンネルを通行する許しを得る。向こう側につくと、宝石のきらめく光の園に出た。そこの海辺の宿の女シドゥリに、ウトナピシュティムのもとへ行く方法を訊く。渡し守ウルシャナビに、「死の水」の上を渡してもらう。

ギルガメシュは、ウトナピシュティムに、永遠の命を得たいきさつを問う。後者は、大洪水の話を聞かせる。そしてギルガメシュに対して、不死を得たいなら、一週間不眠でいるようにと言う。しかしギルガメシュはそれを果たせず、逆に一週間眠り続ける。帰国しようとする彼に、ウトナピシュティムは、若さを取り戻させるという水中の草が生えている場所を教える。ギルガメシュは、水にもぐっていったんはその草を手に入れる。しかし、帰国する途中で見つけた冷たい水溜まりの中で水浴びをしているとき、蛇がそれを盗んでしまった（それ以来蛇は、脱皮することにより若さを保つことができる）。帰国した彼は、不死を求める旅が徒労に終わったことを思いつつ、自分の業績は忘れられることはないだろうという点だけを唯一の慰めにする。

巻末で、エンキドゥの亡霊が、大地の穴を通じてギルガメシュの前に現われ、地下世界の恐ろしさを物語るという冥界の段は、後から付け足されたものと言われるが、死の問題への一貫した関心を反映する。

死または不死の問題が大きなテーマになっているが、この関連で、ギルガメシュの二度にわたる失敗談が印象的である。苦労して辿り着いた彼方の世界で、一週間眠らずにいれば不死の身になれたらしいが、果たせない。次いで、同情した老賢者に代替として教えてもらい入手した不老不死の草を、蛇に取られてしまう。最後に、名声だけは残ると自分を慰めて終わりを迎える。

ヘラクレス神話の古層において林檎の入手が、美術資料からうかがわれるように、彼の昇天の資格を証明する冒険に属していたという点が、後代の人々にも意識されていたことは間違いない。オリエント神話を知っていたに相違ないギリシア人は、入手の成功を語る点において、ギルガメシュ物語的なペシミズムや諦観から大きく離反していることになる。G・S・カークによると、「近東では、全き清浄な国土（楽土）に住むのは神々だけであり……（人間が）神々と同じような経験をすることは全然ない」とされていたらしい。それに対し、再生あるいは不死化につながる冒険旅行が何度も繰り返されるヘラクレス神話には、その点をめぐるギリシア的執着や願望の強さが反映されている。この繰り返しは、ギルガメシュ物語におけるように、そういう試みの虚しさを強調するものではない。逆に、その執念と、それを可能にするヘラクレス的忍耐力が表わされている。

9　神格化と再人間化との間で
――ギリシア内からの異論

女神に憎悪される英雄たち

すでに言及したが、『ギルガメシュ叙事詩』(第六書版)で、ギルガメシュが、女神イシュタルに憎悪されるという話がある。イシュタルは、シュメール等の宗教においてもっとも重要な女神で、ギリシア人によってアプロディテと同一視されるように、性愛や豊穣を司る神という側面も持つが、その他に戦士の守護神でもあり、最高神アヌの娘あるいは妻、また金星として、「天の女王」という資格も有し、都市の守護者として崇められることもあった。このように総合的な権能を合わせ持ち、ギリシアの女神たちでは、アプロディテらの他、とくに神々の女王でありアルゴス等の守護神でもあるヘラに通じるところがある。前記のようにヘラには豊穣神的な面もある。

そういうイシュタルがギルガメシュに求愛し拒絶される。女神は怒り、アヌに「天の牡牛」を地上に下させる。この怪物が、彼の領地を荒らす、しかしギルガメシュとエンキドゥが退治する。女神の英雄に対する怒りと、英雄の試練としての怪物退治という点では、ヘラクレスが、ヘラから一連の迫害を受け、それを克服するという話に対応する。

しかし、イシュタルの怒りの動機は求愛を断られてということである。そしてその発散のために、最高神の権力の発動を求める。それに対して、ヘラの場合は、夫である最高神の浮気相手に嫉妬して、その子への迫害に向かう。前者の物語においては、女神の行動は勝手気儘に愛から憎悪へ転換し、人間はただ振り回されるだけである。さらに、神々全員が英雄に敵対するので、絶望的にならざるを得ない。他方、ギリシア版においては、ヘラの英雄に対する態度は一貫しており、動機もはっきり根拠づけられている。ヘラのヘラクレスへの仕打ちも不条理に感じられることは確かだが、イシュタルの気儘な行動に比べれば、まだ論理的には筋が通っている。また神々の中で、英雄の父ゼウスは彼を見守り続けている。

さらにギルガメシュの物語では、その後、親友が神々の画策で死ぬ等の展開を通じて、主人公は、人間の死すべき運命を悟らされるという結末になる。これは、最後に天上に迎え入れられるヘラクレスの生涯とは真っ向から対立する。

ギルガメシュ版では、神々の気儘と宇宙的な悪意の下で、救いは見出しがたい。他方、ギリシア版では、困難な境遇の中に投げこまれはするが、逆境の論理づけが試みられ、それに耐え切れば、神々の王の援助の下に報われるという道筋が作られる。その限りでは、人間の苦難に充ちた運命の、一種合理的救済が示される。

しかし、次節で見るように、ギリシアでも、ヘラクレス神話においてまさしく運命の不条理を究極的な形で表現する試みが行なわれた。

「地に還る」英雄――エウリピデスの悲劇『ヘラクレス』

神話・文学の言説では、英雄神という中間段階を経て、ヘラクレスの神格化が結論づけられる。ところが現実のヘラクレス祭祀に関して、歴史家ヘロドトスの記述によると、ある人々は「二種のヘラクレス神殿」を建立し、一方では彼を不死の神、「オリュンポスのヘラクレス」として祀っているが、他方では、それと並んで「半神」(英雄神)として彼を敬っているという。

この証言を裏づけるように、地誌記述家パウサニアスは、ギリシア・ペロポネソス半島のシキュオンでは、子羊をほふってその腿を祭壇(ボーモス)上で焼くと、肉の一部は、神への捧げ物のように食するが、一部は、半神に対するもののように供犠し、口にはしないようにしていると記す。オリュンポス神と英雄神は、原則的には、祭祀や供犠の仕方でいろいろ区別された。例えば、犠牲獣を焼く香煙を天空神に向けて漂わせるのに用いた高い祭壇ボーモスに対して、英雄神のような地下の神々へぶどう酒などを沁みこませる孔付きの低い祭壇エスカラーの違いである。ただ、そういう儀式的区別は原則であり、じっさいはあいまいになることもあったらしい。

現実の礼拝者の目から見ると、ヘラクレスは、英雄神からオリュンポス神へ必ずしもきっぱりと「昇進」していたわけではないのである。シキュオンでの祭祀は、パウサニアスの記述を見ると、どうやら同じ一つの祭壇で焼いた肉をどちらの目的にも利用したというようにとれる。折衷的な祭祀を行なっていたようである。

アテナイ地方でもそれは似た情況であり、祭祀上の区別はあいまいだったという点をスタッフォードは指摘する。どっちつかずという態になっていて、一種の迷いが残っているのである。そしてエウリピデスの『ヘラクレス』では、おそらくこのあいまいさを踏まえながら、大胆な神話改変を英雄の死後運命に関して試みている。

この劇での神話改変の要《かなめ》は、ヘラクレスの狂気と十二の難業との前後関係の逆転である。オーソドックスな伝承では、英雄はまず、ヘラのせいで狂気に陥りわが子らをその発作のさなかで殺してしまう。その後、正気に返った彼は、アポロンの神託に従い、ミュケナイ王に仕える形で十二の難業を果たしながら、人々を悩ます怪物や悪人たちを平らげる冒険旅行をする。彼のそういう働きは、子殺しという凶行の罪償いという因果関係を持つ。そして、そのような人間たちへの恩恵と、巨人族戦争で神々を援けたという点とが評価されて、最後に、昇天の栄誉を与えられるのである。キリスト教の聖人伝などにおいて、極悪人の前半生を送ってきた人間が、後に、悔い改めの行為や神の恩寵によって高貴な聖人となり、天に迎えられるという説話パターンが参考になる。ところがエウリピデスは、時間関係を逆にし、まずヘラクレスにそういう難業を全て果たさせ、それから狂気に陥らせるのである。

また、ほんらいは進んでそういう難業を行なうわけではないが、この劇では、彼が自ら望んで引き受ける。つまり父アンピトリュオンが、故郷アルゴスで故意ならざる殺人を犯したため追放され、テバイに身を寄せている。その父の帰国を許してもらおうとして、難業を果たすことを自分から申し出たのだという。この劇では英雄は、家族への愛に動かされ、家族を助けるために冒険に出る。

難業を通じて、自分ではなく父が犯した罪の償いを、彼に代わってするのである。

家族愛というモチーフを強調する別の仕掛けとして、英雄が冥界から帰還した際の、わが家の切羽詰った情況設定がある。ヘラクレスが冥界からなかなか帰ってこないので―これは、アテナイ王テセウスをついでに冥界から救い出すために手間取ったのだという―、その間に、あるよそ者が王位を略奪した。そして邪魔だというので、英雄の父や、前王の娘である妻や、子たちを殺そうとした。まさにそのとき英雄が帰国し、「わが館よ」と呼びかけ、家族のそういう情況を発見して事情を聞き出し、悪王に復讐する、と進行する。

ここまで観る限りでは、くだんの時間的順序の変更とそれに関連する諸点は、ヘラクレスの家族愛をひたすら称揚するために行なわれていると思わせる。合唱隊は、ネメアのライオンや、レルネの怪物ヒュドラなどを次々退治した英雄の功績を、英雄にふさわしい讃歌によって称えるが、彼自身が難業の遂行をとくに自慢するところはない。むしろ、復讐の直前に、「俺が守るべき相手はなんといっても妻と子供と父……。これまでの難業とはおさらばだ。今すべきことを差し置いて、ああいった手柄を立てても意味がない……。ヒュドラや獅子と戦っておきながら、殺されようとする自分の子供を救わないというのは誉められたことではない。そんなことをすればこれまでのように、栄冠輝くヘラクレスとは呼ばれなくなるだろう」と言って、ヒュドラなどの退治よりもむしろ家族の救護を、自分の「栄冠」と名声に真にふさわしい行為だと宣言するのである。

ここまで観てきた観客たちは、この劇でのヘラクレス伝には、通例の版で人生の比較的初期に置かれる狂気の話は出てこないのか、と思ったかもしれない。より後になされるはずの難業が、もうすでに全て果たされているからである。そして、わが子たちを殺した恐ろしい異常な男の代わりに、家族想いの—その点で民話的に優しい「力持ち」の—愛情劇と悪者懲罰の話が見せられているのだと思ったかもしれない。

ところがここで、悪王の打倒を果たした直後に、恐るべき急転とショッキングな新展開が起きる。神々の使いである「虹」の女神が、「狂気」の神を従えて、舞台の上方に姿を現わす。「虹」の女神は、英雄に対して消しがたい憎悪を抱いている女神ヘラの命を受け、今ヘラクレスを破滅させるためにこの館へ来たのである。「狂気」の神は、自分では不承不承ながら、強要されて、英雄を狂わせるべく彼の胸に襲い掛かる。やがて館の中から、狂った彼に殺される妻子の叫び声が聞こえてくる。彼は、父にも手をかけようとしたが、その瞬間に女神アテナが、彼の胸に石（「正気に返らせる石」）を投げつけ気絶させる。そして、そのまま鎖で柱に縛り付けられた。

家族への愛を何よりも重んじ、それに基づいて行動したヘラクレスが、何の咎もないと思われるのに、突然、外的な力により心を狂わされ、愛していたわが子たちを手にかける。また、ゼウスの子と言われながら、ヘラクレスが破滅の淵に突き落とされそうになっても、大神はけっして手をさし伸ばそうとしないように思える。これは、運命の不可解な酷《むご》さを描く一つの「不条理劇」である。

普段は愛してやまぬ家族を、狂乱の発作の中で殺してしまうという事例が現代において多々報告されており、ここにはそういう心理学的症例に関する古代の研究と描写があると読む論者もいる。

これに関連するのが、すでに触れた「ヘラクレス・コンプレックス」という観点からのアプローチ法である。

それはともかく、神々の存在自体がここで否定されるわけではない。それは、「虹」や「狂気」などの姿により、観衆の目の前に示される。そして、その黒幕にはヘラがいると語られる。また、ケルベロスのような神話的要素も否定されない。この怪物犬をたしかに冥界から連れ出し、デメテルの杜《もり》に留め置いている、それをエウリュステウスのもとに連れてゆくつもりだと、ヘラクレス自身が語るのである。

しかし、いまや、現実世界の背後に広がっているそういう不可解な神話世界を尻目に、人間たちは独自の生き方を模索しようとする。劇の前半で浮き彫りにされたヘラクレスの家族愛的関係は、中央部で神々の気まぐれ的な憎悪により破壊されたが、後半部で現われるアテナイ王テセウスとのやり取りを通じて、人間の相互的友愛が、この世の世界を支える柱としてふたたび打ち立てられる。テセウスは、友人ペイリトオスが冥界の女王ペルセポネをさらおうと冥界降りを企てたのに同行したが、けっきょく囚われの身となり、二人で捕縛されていた。それを、ヘラクレスが冥界へ赴いた際に救出して、地上に連れ出した（ペイリトオスは脱出がかなわなかった）。そのテセウスが、テバイの内乱を聞きつけ、ヘラクレス一族を助けようと、アテナイから駆けつけた。そして、いまや正気に返り自分が殺した家族の死体に取り巻かれて茫然としているヘラクレスを見つけて驚く。ヘラクレスは、テセウスとの対話において、自分のしたことに絶望し、恥辱のあまり自殺したいと口走るが、耐えるべしと諭され、思いとどまる。そしてテセウスが、彼をアテナイに迎えようと提案する。

わたしに従《つ》いてパラスの町（アテナイ）に来るがよい。そこで君の手の汚れを清め、館を与えてわたしの財産も分けてあげようと思う。また……市民らがわたしに与えてくれた贈り物を君に譲ろう。わたしのため、国の至る所に領地が区切って設けてあるのだ。これらの土地に君の名を冠し、これからは、君の存命中は、君の領地と人々に言わせることにしよう。君が世を去り冥界に降ったのちは、アテナイの町がこぞって石の塚で犠牲を捧げ、君の名を誉めそやすことになるだろう。

ここでは、天上神の一員になるという進路は全く考慮に入れられない。ヘラがそのような憎悪を絶えず向けていることが分かったいまは、それは考え難い。標準版で、凶行の後の名誉挽回という意味を持つ難業は、すでにしてしまっているのである。彼が「世を去り冥界に降ったのちは、アテナイの町がこぞって石の塚で犠牲を捧げ」ることになるだろうという見通しだけが差し出される。これは、英雄神という扱いだけが彼に約束される、ということである。

英雄神は、普通の人間よりはもちろん優れているが、地下の墓や塚の中に横たわる存在であり、「死者」と称されることもある。ヘラクレスは、他の地域と同様アテナイで、オリュンポス神としても崇拝されていた。むしろ、アテナイが率先してヘラクレスを神扱いするようになったと伝えられる。ところが、じっさいのアテナイ等での祭祀では、前記のように区別があいまいで、英雄神的な仕方でも崇拝された。しかし神話においては、すでに『オデュッセイア』以来、彼の昇天は確立していた。

エウリピデスは、アテナイでの現実の崇拝を視野に入れながら、大胆な創作によって、彼の神格化の代わりに、家族思いで自殺願望も口にする、人間味の濃い人物造形を行ない、その意味での再人間化を提示した。地に還るヘラクレスを描いたのである。

家族を殺した後のこのヘラクレスには、救いと至福を得る余地はない。エウリピデスは、「(既存価値観の)転覆者」とも言われる。神格化を謳う標準神話的な観念への挑戦がここにはあるかもしれない。この観念には、彼の別の劇『ヘラクレイダイ(ヘラクレスの子孫たち)』では、一般的通念として言及される。しかし『ヘラクレス』では、「昇天」という夢よりも、テセウスが示すような人間同士の友愛こそが救いになるのだと言おうとしているのだろう。人々が彼の「名を誉めそやすだろう」という慰めは、ギルガメシュの諦観に通じるようにも思えるが、「名声」の慰めよりもさらに精神的な価値がここでは模索されている。ヘラクレス神話の内面化の一例である。

第三章　繰り返し現われるヘラクレス

ヘラクレスは死後に天へ昇って神となった。彼は、神として人間を援けに来ることはあっても、もう地上世界を超越した存在になったのだろうか？　しかし人々は、頻《しき》りに「ヘラクレスたち」のことを語った。その中には、民衆の待望と憧憬の中で、まさしく当人が生身の人間として再来したと信じられる場合があったかもしれない。しかしそれを超えて、庶民を含む彼ら自身が、ヘラクレスのように天へ昇ると信じられるようにもなる。さらにまた「ヘラクレスたち」は、ギリシア・ローマ圏以外の国々にもしばしば出現してくるのである。

1　「四十三人のヘラクレス」

ゼウスたち、アポロンたち、ヘラクレスたち等々

われわれがふつう有しているギリシア神話の知識では、ヘラクレスは、ある程度多面的な顔や複雑な性格を示してはいるものの、一人の英雄である。またゼウスは、世界各地にめまぐるしく出没して、多くの女神や美女たちと交わったりするが、とにかく一体の神であると了解されている。これはもっぱら、アポロドロスの『ギリシア神話』など、体系的に語られる神話版にわれわれが依拠しているという理由が大きい。しかし、目をより広く向けると、ギリシア神話の豊穣に過ぎる内容、ときにはそのカオスに近い有りさまに、呆然とさせられる場合がある。

ギリシア・ローマ人は、しばしば、ある神や英雄を複数形で語った。例えば、前一世紀のローマ

の政治家キケロは、『神々の本性について』（山下太郎訳）という対話篇で、その登場人物の口を通じて、ユッピテル（＝ゼウス）たちや、太陽たちや、ウルカヌス（＝ヘパイストス）たちや、メルクリウス（＝ヘルメス）たちや、アポロンたち等々を数える論に言及している。そしてヘラクレスに関しては、「深遠で難解な書物を研究している者たち」による、計六人いたという説を紹介する。

そこではエジプト人やインド人のヘラクレスも挙げられ、われわれの知るヘラクレスは六番目のヘラクレスだという。「最古」の英雄から挙げているので、第六のヘラクレスは時代的に最も新しい人物ということらしい。しかも、第三のゼウスの子であるという。

深遠で難解な―つまり一般人には近づきがたい―書物の研究者たち、というのは、アレクサンドリアの大図書館で活動した学者たちのことらしい。しかし、専門的な蘊蓄は別として、彼らの学問が、少なくともヘラクレスやゼウスらの複数性という点に関して、多神教の社会に生きる当時の一般人の観念から遊離していたとは言えない。

オリュンピアにおけるヘラクレスたち

例えば、世界中の人々が競技祭典の折りに集まるオリュンピアにおいて、「援助者（パラスタテース）」として祀られているのを目にした「イダ山のヘラクレス」は、その地では、この競技を創設した英雄と語られていた。この「イダ」は、クレタの山のことであろう。他方、標準的伝承では、この競技を創始したのは、ギリシア・テバイ生まれの有名なほうのヘラクレスとされた。この説は、古くは、詩人ピンダロスによって言及されている。しかし、歴史家ディオドロスは両説を併記する。彼は、キケロとほぼ同時代、前一世紀の人であり、こういうヘラクレス複数説が、それ以前から普及していたと見られる。

英雄ヘラクレスと神ヘラクレスと――知的分析の論法

キケロ『神々の本性について』では、学者的な分類論に言及している。ギリシア精神は、合理主義を主な特徴とする。そして、その拠りどころにされる手段の一つとして、考察する対象の中身を分類し、細分化してゆく分析的方法がある。その後で、より高次の総合が試みられる。『ユークリッド幾何学』は、そういう学問的方法の一つの顕著な成果である。神話学の関連では、例えば叙事詩人ヘシオドスは、ほんらい単数だった「エリス＝争い」の女神を、悪いエリス、つまり敵対をあおり立てる神と、善いエリス、つまり有益な競争を促す神との二体に分化させた（『仕事と日』）。ずっと後代、新プラトン主義者プロクロスによる神話解釈では、細分化と体系化が極端に推し進められている。

歴史家ヘロドトスは、第二章で触れた、オリュンポス神ヘラクレスと英雄神ヘラクレスの祭祀の関連で、理論的に、「二種の」ヘラクレスを想定するのが妥当と結論づける。エジプトの十二神の一人に相当する「オリュンポス（神）のヘラクレス」と、ギリシア人のアンピトリュオン・アルクメネ夫妻から生まれた人間的英雄とに分けるのである。基本的に、年代測定的論拠によっている。エジプトで祀られる「ヘラクレス」は、一万七千年前の古いエジプト十二神の一人だと述べる一方、ギリシア人の「ヘラクレス」は、はるか後代の者である—前六世紀以降のエジプトの「人間王」時代に当たる—、という。

ヘラクレスというギリシアの大英雄を、その正体の半分はエジプトの神とする論は、プルタルコスが難ずる、ヘロドトスの「異国人贔屓《ひいき》」の好例とも思える。たしかに、長い歴史を誇るエジプトへの劣等感をうかがわせるところがある。しかし、ヘロドトスは、とにかく実地調査を踏まえた論理的推論をしたのだと言うであろう。

ディオドロスも、思弁的あるいは年代的な論理でヘラクレス二人説を唱え、一方をエジプトの神、他方を、より近年のギリシア人であるとし、一万年超の隔たりがあると述べている。

「四十三人のヘラクレスたち」

キケロは、アポロンたちや、ディオニュソスたち等々にも触れているが、やはりヘラクレスがこの点でも抜きんでている。前一世紀のローマの博物学者ウァッロによると、彼の時代までに「ヘラクレスたち」が四十三人もいたというのである。

そのように、ヘラクレスが何人も数え上げられる、あるいは「現われる」事情や理由は、いろいろとある。ここでは学者たちの分析的理論を取り上げたが、それにもまして源になったのは、民衆の英雄待望・願望の心理、また共同体レベルで、彼を郷土の英雄として祭り上げようという集団的祈念である。

以下、理論ではなく、現実に見られたそういう「ヘラクレスたち」の現象について、より詳しく見ることにする。

2 「ヘラクレスの再来」——民衆の待望

「ヘラクレスの再来」——単なる譬えと、現実の「出現」と

ことわざ的な表現で、「これはもう一人のヘラクレスだ（アッロス・フートス・ヘーラクレース）」、ヘラクレスの再来だと言われることがあった。例えば、ウァッロによって、ローマの軍神マルスがそう呼ばれ、ヘラクレスと同一視された。上記「四十三人」のヘラクレスの一人というわけであるが、これは、後でも触れる宗教的同化・習合の方法によっている。本地垂迹《ほんじすいじゃく》説的に、ヘラクレスがマルスとしてローマに出現した、と見たわけである。

しかし、それから離れて、より緩やかに、ヘラクレスのように強い男だという意味の表現にもなる。一例として、アテナイ王テセウスが、顕著な働きのゆえにそう讃えられ、「ヘラクレスの再来だ」とされた（プルタルコス『テセウス』）。テセウスの伝記は、ヘラクレスのそれを意識して作られているところがある。両者は全く別々の英雄なので、この言い方は純然たる譬えである。

テセウスはまだ神話時代の人物だが、「ヘラクレスの再来」に類する表現や見方は、やがて同時代の生身の人間に対しても適用されるようになる。アレクサンドロス大王や、カリグラ、ネロ、コンモドウス等のローマ皇帝が、しばしばそのように遇された。すでに触れたが、彼ら自ら、獅子皮をまとうなど、ヘラクレスを気取った。王や皇帝は、死後に、ヘラクレスのごとく神扱いされる慣しだった。そういう例には、譬えの側面もあるが、ヘラクレスの子孫を自称したアレクサンドロスなどは、じっさいにその再来だとも見られ得ただろう。大王が、ヘラクレス的な獅子皮をかぶったりしている「アレクサンドロス・ヘラクレス」像がたくさん残っている。

しかし、それは王族に限った話ではない。すでに前五世紀の喜劇作家アリストパネスの『蛙』で、登場人物の奴隷クサンティアスが、いっぱしの英雄気取りで、

このヘラクレス・クサンティアス（ヘラクレイオクサンティアス）を見ててくれ

と、大見得を切る場面がある。奴隷でもヘラクレスになれる、なろうと思ったのである。もちろんこの例は文学創作に属するが、当時の人々の感覚をじっさいに反映する。

クサンティアスの場合は、修飾句的なあだ名によって、その気だけは、ということを表わしているのだろう。しかし庶民で、現実の個人名として、まさに「ヘラクレス」を名乗る人々が稀に出てくるようになる。そういう個人名の大部分は、前四世紀のヘレニズム時代以降に属する。この時代

の直前に、ギリシア・マケドニアから出発してペルシア帝国を制覇したアレクサンドロス大王とペルシア女バルシネとの結婚から生まれた子が、父の強豪さを記念して、ヘラクレスと名づけられた。いま言った「ヘラクレス」たちは、大英雄のヘラクレスにもともと憧れ、さらにアレクサンドロスの子の先例にあやかって、この名をいわば僭称した者たちであろう。

さらに降って、後二世紀の散文作家ルキアノスの『デモナクスの生涯』で、「ギリシア人にヘラクレスと呼ばれ、じっさいその英雄に他ならないと信じられた」男のことが記されている。そのソストラトスという名の男は、ギリシア・ボイオティアの出身で――つまり本物のヘラクレスと同郷であり――、立派な体格と、とてつもない筋力を持ち、パルナッソス山中で野外生活を送りながら、そこで起き伏ししては、食糧もそこで得、さらには賊を退治し、人跡未踏の地に道を拓き、渡河しがたい場所に橋を架けたりしたという。まさにヘラクレス的活躍をしていたのである。

ソストラトスは「じっさいその英雄に他ならないと信じられた」ということだから、彼の再来のように受けとめられたということだろう。当時の民衆の素朴な信仰のあり方をうかがわせる興味深い事例である。この点はまた後で取り上げる。

「四十三人」を数え上げた前一世紀のウァッロ以降も、英雄は、王族・平民を問わず、ヘラクレス・ネロ、ヘラクレス・コンモドゥス、ヘラクレス・ソストラトス等々と、現われ続けるのである。

「ディオニュソスたち」対「ヘラクレスたち」

ぶどう酒の神、またドラマの守護神であるディオニュソスは、ヘラクレス同様ゼウスを父とするので、アリストパネス『蛙』におけるごとく彼の「兄弟」と称され、エーゲ海北部タソス島の市門におけるように並べて崇められることもあった。巨人族を相手の戦争では、人間のうちでこの二人だけが神々の戦友に選ばれた。そしてディオニュソスも、しばしば複数形で言及される。しかし、「ディオニュソスたち」は、「ヘラクレスたち」とは、本質上、異なる文化現象である。

ディオニュソスは別名をバッコスといい、彼の複数形はもっぱら「バッコイ＝バッコスたち」と言われる。また――マッチョ的な英雄ヘラクレスの場合と決定的に異なる点だが――、女性の「バッコスたち」（バッカイ）が、その追従者の集団で重きをなしていた。酒神に従うこの集団は、狂乱的行動を一つの特徴とした。

しかし、「バッコスたち」を、「バッコスに憑りつかれた者たち」と等値的に言う向きもあるが、これは一面的説明になる。突然ディオニュソス的狂気に襲われる者もたしかにいたようだが、他方では、能動的に、バッコスたちの一員になろうとした人々がいた。エウリピデスの悲劇『バッカイ』における理知的予言者テイレシアスも、ディオニュソス的狂乱への参加を勧める。いわば「踊り狂わにゃ損」という教えである。この劇の題『バッカイ』を『バッコスの信女』と訳すのは不当ではない。ドラマの題はしばしばコロス（歌舞合唱隊）に基づく。そしてこの劇のコロスは、ディオニュソスに自ら身を任せた信者たちなのである。

そういうバッコスたちが集団をなすディオニュソス宗教では、神との合一や、集団への帰属感や、信者の互いの一体感が追求された。R・シーフォードが言うように、ディオニュソスの司る領域に属するぶどう酒自体が、個人間の心理的境界を消滅させ、それによって相互の一体感を養う効果を持つ。これは、個人主義の解消ないしメンバーの非個性化につながってくる。ディオニュソスという親玉に仕えるという意識はあったろうが、「バッコスたち」相互の間に区別はない。

また彼らは、ポンペイの「秘儀館」の壁画でも描かれているように、集団エクスタシーを重要な儀式とする秘儀宗教へ導き入れられた。エクスタシーを通じてディオニュソス神と合一した彼らは、互いにますます一心同体的になる。

またディオニュソスは、行旅をする際に、必ずと言ってよいほどお伴を引き連れている。これは、コロスを基本構成員とするドラマの発展に寄与したとシーフォードは説くが、それはともかく、こういう点は、後記のように単独行動型のヘラクレスと大きく異なる特徴である。

アンカラの碑文で、ハドリアヌス帝を「新ディオニュソス」と呼ぶときも、ローマ軍兵を神のそういうお伴に見立てたのであろう。ただし、そこでは、ヘラクレス的な腕力よりも、ディオニュソスの宗教的・文化的支配力が含意されていると思われる。ほぼ同時代のルキアノスの『ディオニュソス』という作品で、ディオニュソスとそのお伴が、インド人を屈服させるというエピソードが描かれている。彼らの「武器」は槍や盾ではなく、むしろその宗教儀式に使われる神杖つまり木蔦《きづた》の枝葉を用いた杖やタンバリンなどであった。その碑文でも、ギリシア文化を愛したハドリアヌス帝と、彼の総《す》べるローマ帝国の、広範囲にわたる文化的威光や文治の力が示唆されているであろう。

秘儀神的な性格を持つディオニュソスの神話は、「人」としての生については実質が薄い。優男《やさおとこ》的な彼については、ライオン退治のようなイニシエーション的冒険談は語られない。むしろ神となってからの人々への、あるいはその魂への働きかけが中心になる。秘儀宗教において、ディオニュソスと冥界との結びつきは、彼の教えの継承者とされるオルフェウスを教祖としたオルフェウス派においてとくに重視された。「オルフェウス・ディオニュソス的」宗教とも称されるそういう派の教説で、ディオニュソスは冥界の女神ペルセポネの子と呼ばれた。しかし、すでに古くからディオニュソスの死の世界との結びつきが語られており、彼とハデスとを同一視する発言すらある（ヘラクレイトス）。冥界、地下世界は、人が死んで赴き、そこから甦る死生のドラマの舞台である。ディオニュソス教の信者たち、バッコイが、死後に冥界へくだったとき、そこの神々にどういうことを言うべきか指南する「死者の書」的な、黄金板の資料が発見されている。そういう口頭テストに合格すれば、彼らは、彼岸の至福に―ただし一時的だが―あずかることが許される。ディオニュソス信者たちは、地下で、ハデス・ペルセポネ夫妻の前に進み出る者として言及される（黄金板）。バッコイの楽園は、地下世界にある。ただ、輪廻転生説が基礎にあり、何回も地上への転生を繰り返す間に霊魂の清浄度を高めていって、最終的には、ディオニュソスやその母が天に昇ったように、彼らもそこを目指すのであろう。しかし、それまでに、冥界の世界を経る運命の紆余曲折がある。

他方、ヘラクレスたちは、まっすぐに星の世界を志向する。秘儀神的ディオニュソスと比べ、外向的英雄ヘラクレスの神話においては、奥義的宗教の側面は発展していない。怪物ケルベロスを連れ出す英雄的な冥界行はしたが、そこに住むために赴いたのではなく、死後にはまっすぐ天に昇ったのである。輪廻転生を考慮しない点ではキリスト教の思考と通じている。そしてヘラクレスは、バッコイと対照的に、天上でゼウス・ヘラ夫妻に近寄った。彼の物語においては、その生前の人間的かつ英雄的労苦が大きく取りざたされるとともに、彼が、天上でヘラの子（養子）になるという点が、まっすぐな語りによって説かれる。彼は、人間を、天への希望に直接的につなぐ。

さらに彼は、本質的に単独行動型英雄であり、最果てのゲリュオンの地などへ行く大冒険旅行にも、一人で向かった。「彼が一人で、軍を伴わずに諸方を巡ったと人々が言うのは過ちだ」と、あるギリシア人が述べるのは、逆に、単独行動が彼らのヘラクレス神話理解において通念的だったことを示す（ディオン・クリュソストモス）。二世紀の「今様《いまよう》ヘラクレス」たるソストラトスも、野山で一人起き伏ししながら行動した。そして「ヘラクレスたち」は、それぞれが、われこそヘラクレスの名を継ぐのにふさわしい者と主張する。ヘラクレスは、個性的活躍を刺激する英雄であり、「とくべつな」英雄への憧れが、自分も「とくべつな」者になりたいという願望を人々にかきたて、そういう目的の行動に促すのである。

民衆の待望

ギリシアでは、より古くは、人の死後その魂は、冥界、つまり黴《かび》臭い地下世界に永遠に留まると考えられていた。しかし、その後、上記のように、オルフェウス派やピュタゴラス派の輪廻思想が説かれるようになり、魂を浄めて転生の環を抜け出れば、至福の永生に至るという希望が与えられた。しかし、とにかくそれまでは、地上への生まれ変わりを繰り返すわけである。

だが、「ヘラクレスと呼ばれ、じっさいその英雄に他ならないと信じられた」ソストラトスは、転生思想に即してそう考えられたというよりも、彼の目ざましい活躍が、ヘラクレスの再来だという漠たる信仰を掻き立てたということであろう。

神学的に言えば、ヘラクレスはすでに天上の神となっているので、その彼が生まれ変わって別の人間になるということはありそうにない。例えば、ピュタゴラスは神アポロンの顕現した姿とも言われたが、神が人間に「生まれ変わった」ということではないはずである。魂の転生は、人間と人間の間で、または人間と動物との間で、あるいは哲学者エンペドクレスの説では植物との間にも、起きるものだからである。これは、むしろ、キリスト教的な「受肉」の類いの観念であろう。ただ、キリスト教では、イエス・キリストの受肉は、歴史上一回だけの出来事と唱えられたのに対し、何十人もの「ヘラクレスたち」が数えられるこの英雄の場合は、そうではなかったのである。

ヘラクレスは、神々の一員にはなったが、人間の悩みごとや苦しみに対して無関心のまま、はるか遠くの宇宙で至福の生を楽しんでいるという存在ではない。生前は、世に害をなす怪物たちを退治して回ったように、その後も、「禍いを追い払う者」として人々に頼られる彼である。折りに触れ、生身で地上に再出現してくるかもしれない。庶民の間で、漠然と、そういうことがあり得ると信じられていたのだろう。英雄が繰り返し現われてくることを、民衆は待望したのである。

3　ヘラクレスを追って天に昇る人たち

天上でヘラクレスと同席する王侯

何度も触れているが、スーパーヒーローの昇天の神話は、王や皇帝たちの死後神格化の範とされるようになった。王たちは、死後に、彼と同様の天上の永生にあずかっていると唱えられた。例えば、前三世紀の詩人テオクリトスは、天上に住むアレクサンドロス大王とエジプト王プトレマイオス一世が、ヘラクレスのそばに横たわって、神々の宴を楽しんでいると謳っている。王族一家の偉大さを称揚する作品であり、エジプトの繁栄がここでは謳われている。なおプトレマイオス一族は、アレクサンドロスと同様、ヘラクレスの子孫を名乗っていた。

ヘラクレスを追って天に昇る庶民たち

しかし、庶民の間にも、昇天への願望が広がって行く。その場合、王族の誇るような権力や血統ではなく、むしろ倫理的な徳が資格要因にされたらしい。しかし、それはある意味でどんどん大衆化されてゆく。民間信仰において、霊魂は死後に星となって輝くという観念が古くからあったが、これとも結びついたであろう。それは、誰にも開かれた運命と捉えられるようになった。

前五世紀の後半から、しばしば、一般人の魂が天に昇った、あるいはそこに帰還したと言われるようになる。例えば、前四三〇年ころ、ギリシア中部・ポテイダイアにおける戦死者に捧げられた墓碑銘では、

アイテル（上天）が魂たちを受け入れ、肉体のほうは大地がそうした

と記されていた（ペーク編『ギリシア韻文碑』）。「アイテル」は、雲の圏のさらに上の天空である。また、前四二〇年ころ上演のエウリピデス『嘆願する女たち（ヒケティデス）』でも、同様に、「気息＝魂はアイテルへ、肉体は大地へ」帰るようにすべきだと述べられている。前三世紀の碑文には、魂が、漠然と「天に行った」とされる代わりに、よりはっきり「神々の仲間に加わった」と言われる例が見出される。

もちろん、一挙にそういう考え方が普及したわけではあるまい。前記のように古来の観念では、魂は、地下に降りて裁きを受けるとされていた。それと、天に昇るという新しい考え方とが競い合ったようだと、K・J・ドーヴァーは述べ、前五から四世紀ころの民間宗教に、諸観念の並存を想定している。

学者によっては、その「アイテル＝上天が魂たちを受け入れた」という観念を、小アジア・イオニア派の自然哲学思想に関連づける。自然科学的な理論を推し進めた学派である。

しかし、一般人の墓碑銘に見出され、民間宗教にある程度普及していたらしいそういう観念においては、哲学からの専門的な影響よりも、むしろ、神話的・文学的に有名な超英雄の死後生に人々があやかろうとしたという面のほうが大きいのではないか。ここに複数の要因が働いた可能性は否定しないが、その中でヘラクレス神話が大きな役割を果たしたことは疑いない。引用した「アイテルが魂を、大地が肉体を受け取った」という句は、『オデュッセイア』で、死後のヘラクレスの一部は亡霊として冥界にいる、しかし、その本体、「彼自身」は天上にいると述べられているのを想起させる。人間の実体を二分し、それぞれ天と地下とに属させる点は通じ合う。

究極の英雄願望が、個々の魂の神々への仲間入りという運命を、ヘラクレス神話に即して思い描かせるようになる。近代において、ドイツのロマン派詩人ヘルダーリンは、その『ヘラクレス讃歌』で、

わたしはいま、あなた（天上のヘラクレス）の側に歩み寄る

と歌い上げたが、そういう永生願望は、古代ギリシア時代から、しかも一般の人々の間にも抱かれていた。

F・キュモンが挙げるミレトス碑文では、天空オリュンポスに至った八歳の子が星となり、

神々に嘉《よみ》せられて、……体育館での遊び仲間であった年若い少年たちを守護すると刻まれている。この少年は、彼とその仲間を見守っていたヘラクレスを追って天に昇り、「ヘラクレスたち」の一人となった。彼の記憶を永遠化したいと祈念する遺族の願望により、少年ヘラクレス的な守護英雄が新たに誕生したのである。

4 「おらが町」のヘラクレスたち、一人の英雄の多様な顔

諸処のゼウスたち、ヘラクレスたち

ところで、英雄をめぐって、ローカルな伝承による独自の説話が各所で並び立っていた場合がある。そこには、その土地の人々の「おらが町」への誇りが働いている。以下は、共同体レベルの、集合意識的な英雄願望に関係する話である。

まず、ヘラクレスの父ゼウスに関して見ると、神話学者J・G・フレイザーは、ゼウスに相当するイタリアのユッピテルについて、ローマを含むラティウム地方の全ての町が、古くは、それぞれのユッピテルを有していただろうと言う。これは少し極端な意見とも思えるが、ある程度そういう状況だったかもしれない。かつては日本各地に鎮守の森があった、そして、それぞれの土地の「鎮守様」が祀られていたというのと比べうる。そしてゼウスの誕生談に関して、「彼が生まれ、育てら

れたのは自分たちのところだ」と唱えるギリシアの国々を全て数え上げるのは困難だと、地誌記述家パウサニアスは述べる。これは、一人のゼウスに関して複数の誕生地が主張されたというよりも、「おらが町の」ゼウスたちの論が競合していたということかもしれない。

例えば、オリュンポスに住む大神とは別の、「もう一人のゼウス」がクレタにいたという伝承があった（ディオドロス）。その説では、この「もう一人のゼウス」は、クレタ島を支配し、そこで死んで、墓もそこにある人物と伝えられた。神話を史実に読み直そうとする、いわゆる「エウヘメリズム」説の一例である。こういう説では、「神」とは、偉大な人間が死後に崇められるようになった存在だと唱える。神話を合理化する点ではこれは新しい説であるが、ほんらいの起源は古い説話であろう。

そのゼウスの「墓」の説によって、「クレタ人は嘘つきだ」ということわざ的な表現が生まれた。しかし、とにかく後代に至るまで、クレタの各地で、それだというものが示されていた。一九世紀に、考古学者のA・J・エヴァンズは、クノッソス南方、ユクタス山の頂においてゼウスの墓だと伝えられていた場所に行き、ミュケナイ時代にさかのぼると見られる陶器破片を見つけた。「もう一人のゼウス」は、おそらく、ミュケナイ時代あるいは前ギリシア文明的なミノア時代由来の伝承である。

他方、ヘラクレスに関しては、ギリシア女アルクメネの子という正統的な伝承と、クレタの神々クレテスの一人だという言い伝えとの「両方の説」が、オリュンピアで認められていた。クレテスは、クレタ島土着の若者の神々で、神話上ゼウスと関係しているし、若者という点ではヘラクレスとも呼応するものの、テバイ生まれの「アルクメネの子」とは、ほんらい全く異なる説話圏に属する。

上記のように、クレタ由来の伝承のいくつかは非常に古いと思われ、前ギリシア的な文明にさかのぼる可能性がある。それが、この場合のように、部分的ながら、たくましく生き延びているのである。

もう一例、ナイル・デルタ河口のヘラクレイオン市で祀られていたヘラクレスに関する伝承に言及しよう。エジプトでは、多くの都市がヘラクレスを祀り、名前自体を「ヘラクレオポリス＝ヘラクレスの市」とする場所もいくつか存在した。もちろん「ヘラクレイオン」も、そういう市名である。したがって、エジプト内においても、複数のヘラクレスがいたと言いうる。ヘラクレイオン市の人々は、そこの神殿の英雄を「最も古い」ヘラクレスだと主張していた。そして、その後に生まれ、彼に匹敵する徳を表わした他の英雄たちに、彼と同じ名前が与えられるようになったのだと唱えた。エジプト人の、自国の伝承への誇りに充ちた説である。

ただしそういう説を唱えだした人々は、純粋なエジプト人というより、そこに入植し住み着いたギリシア人の、あるいはその混血の子孫であるかもしれない。古くからエジプトに住み着いたギリシア人の「おらが町」的な、独自の説話であろう。

異起源の存在の同化

他方、こういう伝承は、宗教的な習合、同化の例とも見うる。ギリシア的ヘラクレスと土着の神との融合という可能性である。ギリシア・ローマ的な神名と、土地の伝統的な神の名とを取り換えるので、宗教学では、ヘラクレスを含めそういう同化を、一般に、「翻訳」または「解釈」と称している。

キケロの『神々の本性について』では、エジプトの、フェニキア・テュロスの、そしてインドの「ヘラクレス」も挙げられている。これらの国々にも、もともと力持ち的な英雄や剛力の神々がいた。異なった、しかし多かれ少なかれ似た英雄たちが互いに融合されたのである。わが国の「本地垂迹説」のように、異なる起源の神々・英雄を同化させるのは普遍的な現象である。

エジプトのヘラクレスたちは、多くの場合、もともとこの名前ではなかっただろう。一つの可能性として、土地の言葉でコーンまたはホンシュ（コンス）と呼ばれていた神が関係しているかもしれない。これは、月の神と見られる。東から西へ動き、また戻ってくるという点で、各地に冒険旅行し、放浪して還ることを繰り返したヘラクレスにある程度通じている。「コーン」を「ヘラクレス」に名札替えしたのである。

上記、ナイル河口のヘラクレイオン市は、前六世紀ころギリシア人によって建設されたものと推測される。彼らのヘラクレス説話が、その入植後に発生したとすれば、「最も古い」英雄だという主張はおかしい。しかし、そういうエジプトの古い神が基になっているかもしれない。

テュロス、現レバノン・スール市のヘラクレスは、フェニキア人に崇められていたメルカルトという神のことである。これに言及する最も古い文献は、前五世紀のヘロドトスによる『歴史』だが、各地に植民を始めたギリシア人が、フェニキア人と出会った当初から、つまりすでに前七ないし六世紀から、この同一視を始めていたと思われる。

また、インドの「ヘラクレス」だが、前四世紀に、アレクサンドロス大王がインドまで東征したとき、遠征軍のギリシア人たちは、ディオニュソスやヘラクレスが以前にこちらまでやってきた痕跡が認められると信じた。そして、彼らがヘラクレスに似ていると感じた土地の神を、そう呼称した。それは、ヒンズー教のクリシュナだったのではないかという解釈がある。ちなみにインドの「ディオニュソス」は、シヴァのことかともいう。ヘラクレス神話において、英雄の西方への冒険旅行はきわめて古くから語られていたが、東方まで行ったという話は、アレクサンドロス大王の時代からやっと語られ出す。アレクサンドロスが、ヘラクレスやディオニュソスと、世界制覇の功績において、競い合おうとしたという傾向から発生したようである。

ただ、歴史家アリアノスによると、インドの人々は、そちらへヘラクレスが遠征してきたのではなく、もともと土着の神であると言っていたらしい（『インド記』）。土地の人々が、ギリシア的ヘラクレスの名声を意識しつつ、それに負けじという気持ちで、自分たちの英雄または神の誉れを高めようとしたのである。

他方、インダス河領域の北西部には、アレクサンドロス大王の東征以来、ギリシア人植民地に由来する町が存続したというので、より後代成立の神話では、ギリシア人の後裔または混血的子孫も絡んでくるだろう。アリアノスは大王より三〇〇年ほど後の人なので、そのような地域で行なわれていた伝承を仄聞したのかもしれない。

ローマでは、現地の神とヘラクレスとを同化した顕著な例は乏しい。明確な例としては、上記のウァッロが挙げる、軍神マルスとヘラクレスとの同化くらいである。イタリアを舞台とするヘラクレス神話で有名なものに、悪党カクスとの戦いがある。英雄は、ゲリュオネス征討のために西方旅行をした帰途、獲得した牛群を連れながらイタリアも通過した。そのとき、彼の牛を盗もうとしたカクスを退治し、それを記念して「大祭壇」を建てた。これは、ローマの「牛広場」にあり、青銅製の牡牛がその近くに置かれていた。毎日牛が犠牲に焼かれ、肉が配られるので、ローマ市民、とくに貧民は、それを楽しみにしていた。この伝説を含め、ローマにおけるヘラクレス崇拝はギリシア起源のものが大部分のようである。同化というより輸入である。

しかし、ヘラクレス以外の神々・英雄で言うと、大神ゼウスはイタリアのユッピテルと同一視され、学芸の女神アテナは同じくミネルウァと同化されたりしており、「翻訳」の例は少なくない。

一人の英雄の多様に異なる顔

ところで、今日われわれがローマの文学を読む際には、例えばミネルウァは、ギリシアのアテナとほぼ同一の観念で扱われていると感じる。異起源であっても、文学テキスト上の同化は、ほぼ完璧に行なわれていると思わせる。また思想面で、同化は、多神教から唯一神的な思想の発展に寄与する面があったと言われる。もし、異国の神々の名前が互いに「翻訳」可能なら、さまざまな名前の背後には、唯一の神的実在があるに違いないと考えられるようになった。そのように、文学的単一化や、思想的な統一論が進展するという面がある。

しかし、他方では、同化的「解釈」は、もともと起源が大きく異なっていたもの同士を、無理やり合わせようとするので、不具合を生じさせることにもなる。例えば、ヘラクレスと同一視されたフェニキアの神メルカルトには、人身御供《ひとみごくう》を行なう慣習が後々まであった。後一世紀のローマ人プリニウスも、ローマ市内にあったメルカルトの神域で、フェニキア人が、毎年人間の犠牲を捧げていたことを記している（『博物誌』）。そういう点でギリシア・ローマ人は、メルカルトをヘラクレスと呼びつつも、あるいはそう聞きつつも、何か落ち着かない気持ちを抑えられなかったことだろう。彼らの伝承では、ヘラクレスは逆に、文明をもたらす者として、ローマにおけるサトゥルヌス神への人身御供を廃止させたと言われるのである。

要するに、同化を受けようとされながら、もともと異なっているものなので当然だが、その独自性が残ったり、主張されたりする。同じ名でまとめられようとしても、じっさいは、大きく異なる顔がその下に現われており、むしろそういう相違点が結果的に目に付くこともありうる。次章で扱う、ケルト的なヘラクレス像の異様さも、そこに一因を持つだろう。

さらに、エジプト・ヘラクレイオンの人々が、自分たちの神殿で崇められる者こそ最古のヘラクレスだと主張したように、またインドの民がヘラクレスを土着の神と唱えたように、同化的な方法は、同じ名前の下に諸民族の神をまとめようとしながら、けっきょく、「おらが町」的に競い合う主張を、全地球的規模に拡大したような現象に導きうる。そして、独自のヘラクレスたちを各国に並び立たせる。それぞれのヘラクレスたちが、相互に融和しがたい多様性を持ちながら、異なる肌色や骨格の顔を示すことになりうるのである。

第四章　老ヘラクレス

「異なる顔」の英雄と老年讃美

まえがきで、哲学者ヘラクレイトスに老ヘラクレスが重ね合わせられているという例を述べた。しかし、この力あふれる英雄を老人として描くのは稀である。やはり、ギリシア的視点からは、それは常識にそぐわないであろう。だが、ひとたびギリシア・ローマ圏の外あるいは周縁に立ち、そこに「異なる顔」のヘラクレスが、強壮な老人の姿で現われていることを発見したら、人々はまた考えを改めるかもしれない。そして、老年への差別的な意識伝統に回心を促し、そこに新たな輝きを与えようとするかもしれない。

以下では、ケルト風の「もう一人のヘラクレス」に刺激を受けて年齢的価値観の見直しを試み、逆説的に老年を讃美しようとした論を取り上げる。

1　ケルト風のもう一人のヘラクレス

二世紀の、シリア出身のギリシア語作家ルキアノスに、「老ヘラクレス」について記す短篇『ヘラクレス』がある。ケルトのどこかで見たという絵に、老人のヘラクレスが描かれていたという。

ケルトの名称は広い地域を表わしえたし、場所も特定されていないので、具体的にどこだったか定かではない。今日のフランス、北イタリア、あるいはイベリア半島の町だったかもしれない。いずれにせよ、当時の文化の中心であるギリシア・ローマ世界から見て、異郷、辺地、あるいは蛮地というイメージを持つ地域である。そういうケルトの地での体験談だという。

古典的教養を尊ぶ社会に生き、伝統的なギリシアの神々と英雄に親しんでいたルキアノスに、そのケルト風の老ヘラクレスは異様な印象を与えた。まずこの人物は、ヘラクレスを永遠の青年、あるいはいつまでも壮健な英雄と見なす常識に全く反している。そのケルトのヘラクレス像は、棍棒などの伝統的な出で立《い》ちはしていたものの、皺《しわ》くちゃの禿げ頭老人だったという。

見る人を驚かす点が、もう一つそこにはあった。このヘラクレスのあとから、大勢の人がぞろぞろ従《つ》いてくるという光景がその絵には付け足されており、英雄が、綱というより、金と琥珀製の細めの紐《ひも》で彼らを率いていた、しかもその一端は彼らの耳に、そしてもう一端は、英雄の舌先に穿《うが》たれた孔に結び付けられてあったというのである。得意であるはずの腕力ではなく、舌先三寸で彼らを操っていたのである。

この奇妙なヘラクレス像は、当時の世界の辺境で特異な発展を遂げたものなのか？　それとも、一部の学者が言うように、くだんの絵は実在はせず、作者が自由な想像をめぐらして描いた虚構の絵画なのか？　これについては、後で述べるように、創作的な部分も含まれはするものの、基本的にはじっさいにケルトの英雄像を伝えていると見るべきであろう。いずれにせよ、ここには、反常識的なヘラクレス像が、強烈な姿で展示されている。しかし、実は、この像が独特であるという点自体には、ヘラクレス神話全体に共通する一つの特徴が反映されている。

伝統的な神話においてヘラクレスは、なるほど壮健な英雄という性質を基本とするが、この基本型にはさまざまな側面が付与され、多様に異なる表情が与えられている。それは、例えばアキレウスが、比較的単一な性格を伝承において与えられているのと対照的である。多くの異なる顔を持つヘラクレスは、その意味で、何人もいた。老人ヘラクレスとは、その多様化と変容を極限まで推し進めた結果にほかならない。

ルキアノスのその作品で、自身も老人である作者は、あえて老ヘラクレスを、しかし強壮な力を保つ彼をそこで提示しながら、それをわが身に引きつけて、老年には雄弁力という長所があるという観点から、弁論家としての自分を鼓舞しようとする。「あの老人ヘラクレスのことを想起すると、わたしは、何でもしてやろうと励まされる」と言っている。

「ケルト」という点に戻ると、ルキアノスによれば、ヘラクレスは、その地でオグミオスと呼ばれていたという。ケルト人たちは、自分たちの崇めていた伝統的な神をギリシアの英雄と同一視し、ヘラクレスだと称しながら、彼の神話について語った。彼らは、ヘラクレス・オグミオスを誕生させたのである。こちらの点では、民族ないし共同体レベルの英雄願望が関係している。

ルキアノス『ヘラクレス』の訳文は巻末付録に掲げることとし、以下ではその中の主要な点に即しながら、老ヘラクレス像の持つ文化的意味を、多次元的に見ることにする。

2　ギリシア文化の拡がり

ギリシア・ローマ時代のケルト

ケルトは、当時のギリシア・ローマ人にとって、一般に北方人、つまり地中海地域の北方に住む民族を表わした。ゲルマン人も、古代では、ケルト人の中に含められることがあったが、今日では両者はもちろん区別される。ケルト人は、かつては、ヨーロッパ中央部を中心に、広い地域に住んでいたが、やがてゲルマン人、それからローマ人によって故郷から追いやられ、むしろ周辺部に生き残る人々となった。

古代ではケルトとガリア（ゴール）とを同義的に用いることもあり、両者の概念は重なり合うところがあるが、ガリアは、少なくとも二世紀では、主に政治的、行政的な名称であり、今日のほぼフランスに相当する（ベルギカを含む）。他方ケルトは、もっぱら民族的な名称として、地中海地域の北側の諸民族を広範囲に表わした。すなわち、ガリア（フランス）の他、アルプス以南のガリアつまり北イタリア、そして東はアナトリア（小アジア）のガラティア、西はイベリア半島のガラエキア、北はブリテンをも包括する。いまルキアノスが、「ケルト人」の絵を見たという体験を語るとき、具体的にどの地域なのか述べていないので、特定することは困難である。しかし、二つの地域が有力である。

まず、ヨーロッパ中央部にあるアレシア、現フランスのアリーズ・サント・レーヌという町は、ヘラクレス伝説とつながりがあった。放浪（アレー）の最中の英雄に建設され、これにちなんで命名された町と言われていたのである。この放浪伝説は、ルキアノス本篇で、「ヘラクレスが西方の多くの民を蹂躙した」と言われているのと関係させうる。ヘラクレスが、ケルト人の祖になるケルトスという子をもうけたのがアルプスの北と言われており、このアレシア近辺と考えうる。すなわちヘラクレスは、ルキアノスの文にもあるように、ゲリュオネスという三頭三身の怪物の牛を奪って帰る旅の途中、アルプスの北の土地でケルティネという娘と交わり、ケルトスという名の子を産ませて、自分の持っていた弓を授けたという。アレシアの町は、全ケルトの「母市」（首都）と見なされ、ケルト人たちから尊敬されていたが、けっきょくカエサルの武力によってローマに服属させられた。後述するように、ルネッサンス時代のフランス人が、本篇のケルトをガリアのことだとしたのには、こういう神話的、歴史的根拠がある。

そして別の候補は、西方のケルトである。ケルト人を西の果ての人間と称する資料もある（エポロス）。これはイベリア半島に住むケルト族であり、ローマ時代には、ガラエキアと称する属州が、大西洋に面する半島北西部にあった。青銅や黄金の工作に長けていた民族らしい。今日、スペインやポルトガルで、ケルトの遺跡が多数発見されている。ルキアノスは、若い頃、帝国各地を広く演説旅行して回った。『ヘラクレス』中の問題の絵も、その時の体験の一部として、回想的に語られている。そういう演説旅行に関連して彼は、他の作品で、「以前にきみ（ある友人）は、公衆を前にした弁論で、きわめて多額の報酬を僕がもらう姿に接している。あのとき、西の大洋を見に行き、ケルト族の土地までついでに訪れたきみは、……僕と知り合った」のだと記している（『弁明』）。

友人が西の大洋を見に行ったというのは、大西洋に対する地中海人の好奇心に関係する。例えば潮の干満は、地中海という内海では、狭い海峡は除き顕著でないので、大洋で見られる現象は彼らの関心を引いた。ルキアノス自身の大旅行も、一部には、そういう好奇心に動かされていたかもしれない。ただ彼の場合、主たる用件は弁論活動を行なうことだった。

この当時の二から三世紀は、文化史的にいわゆる第二ソフィスト時代と称される。ソフィストとして前五世紀のゴルギアスやプロタゴラスらが知られるが、七百年くらい経って、この時代に、弁論家たちによる演説活動がふたたび盛んになった。第一次のソフィストたちは、多くの領域にわたって哲学的関心を示したのに対し、第二ソフィストたちは、もっぱら弁論の実践活動に力を注いだという点が基本的に異なる。さらに後者は、古典作家たちを熱心に研究し、その知識を踏まえて創作に活かそうとした。

ゴルギアスたちの弁論や修辞術などが当時のアテナイで大きな注目を集めたように、第二ソフィストたちの弁論活動も熱狂的な人気を博した。しかし今の場合は、それは、平和なローマ帝国の広大な領土全体で求められるようになっている。彼らは、コンサートツアーをして回る現代のミュージシャンのように、各地で歓迎され、ルキアノスも言うように「多額の報酬」を稼いだのである。

西方におけるヘラクレス神話

場所の特定はともかく、確認できるのは、そういうケルトの大西洋岸の「僻地」でも、ギリシア的教養が非常に重んじられたということである。人々は、争うように、高い謝礼を払って、ギリシア弁論家の演説を聴きに来た。ギリシア語による弁論が十分通じるかどうかは、言葉だけの問題にはとどまらない。それは、古典や歴史・哲学などの知識を前提とするので、広いギリシア教養や文化がそこの人々に浸透していたことが分かる。

ヘラクレスの関連では、彼の神話伝説とその崇拝は、（ギリシアから見て）西方に古くから根づいていた。既述の、アルプス北の地でケルト人の祖をもうけたという伝承は、前六世紀にまでさかのぼると言われる。イタリアにおける彼の伝説も古い。たとえばローマを通過する途中でヘラクレスが、いわゆる「大祭壇」を建てたという伝承がある。

また、「ヘラクレスの道」と称される道路が、イタリアからイベリアにまで達していた、そこでは「神の平和」が守られ、よそ人に何か危害を加えた者は、土地の人々によって罰せられたという（伝アリストテレス『不思議な伝聞について』）。ヘラクレス神への崇拝も各所に拡がっていて、神に捧げた碑文が、ピレネ地方やブリテン島などで発見されている。

3　非ギリシア的・辺縁的価値

ヘラクレス・オグミオス像の独自性

宗教的、神話的融合においては、より高度な文明の地域から、より後進的な土地に文化が流れこむ、あるいは、支配者の側が自分たちの教養や文化を「蛮族」に「輸出」する、またそれを受け取った側が熱心に吸収する、という場合もある。しかし他方では、より威信のある文化圏の神話英雄を自分たちの血脈に取り入れることで、自分たちの権威を高めようとする、より能動的な策略が、「後進地」の側に認められることもある。だが、ルキアノスの語るケルトのヘラクレス・オグミオス像に関しては、それを作った側に、さらに強い自己主張が込められているようである。

オグミオスの名は、ケルトの伝説でオガム・アルファベットを考案したと伝えられる神オグマと関連があると言われる。この文字は、アイルランドやウェルーズ等で見つかった、（主として）五から九世紀の碑文に刻まれている。また、オグミオスの顔を印しているかと言われる貨幣もある。独自の神話を持っていた英雄であろう。

ルキアノスの語る老ヘラクレスの奇怪な絵画を、純粋なフィクションと見る意見もある。しかし、オグミオスという確かにケルト語起源らしい名称を記している点から、彼のこの方面の直接的な知識が認められることは間違いない。宗教的、神話的融合を通じて、かの人々が、土地の英雄をギリシアの大英雄と重ね合わそうとしたことは十分ありうる。ヘラクレス・オグミオスには、後記のように、ドルイドというケルトの神官階級のイメージ的反映があるという見方もできよう。

さて、ルキアノスの描写によると、その像は、頭に被った獅子皮など、出で立ちの点ではまったくギリシア的なヘラクレスであったという。それで、どうやらそれが自分の知っている英雄らしいと認めたという。ところが、その他の点では、その人物はヘラクレスにはまったく合致しない様子をしていた。彼はたいへんな老人であり、むしろカロンかイアペトスみたいであったという。

カロンは、黄泉の川で死者の魂を渡す役目を勤めている渡し守であり、ぶっきらぼうで陰気な老人である。またイアペトスは、アトラスやプロメテウスの父親だが、喜劇では彼の名は、耄碌《もうろく》した人間の代名詞のように用いられていた。神話で、オリュンポス神族に世界の主権を奪われ、黄泉の奥底に投げ込まれたティタン神族の一人に属している。それで一般に、新しい時代の動きについてゆけない老人世代の代表にされていた。

したがって、ルキアノスの受けた印象によると、この像は、年令的にヘラクレスの持つ永遠の青年という観念に反するのみならず、さらに、死にまつわる忌まわしい陰欝な雰囲気も漂わせていた。また、天上で「ヘベ＝青春」を妻とする、至福の神々の一員ではなく、むしろ地の奥底で不運と不遇をかこつ惨めな「負け犬」の面影をほうふつとさせていた、ということになる。

ケルト人の恨み？

こういう点から、ヘラクレスの神聖なイメージへの侮辱だとルキアノスに思わせ、憤慨させて、神話伝説的な手段によるケルト人の「復讐」かという解釈に彼を走らせた。ゲリュオネス退治談との関連である。ヘラクレスは、西方のかなたに住んでいたこの怪物の国へ、エウリュステウス王に命じられて冒険旅行した。そしてまずそこの牛飼いと犬を殺し、ついでゲリュオネス本人も倒して牛を奪い、立ち去った。

王からの命令ではあるものの、先に何か悪さをされたということではないので、ちょうど芥川龍之介が桃太郎伝説を侵略容認の物語だと見たように（『桃太郎』）、ギリシア人の間でも、ヘラクレスのこの非道な行為とも思える征旅の正当性について、疑問を感じる人々がいたようである。

詩人ピンダロスは、こう歌っている。

法は全てのものを―人間をも神々をも―支配して、絶大な腕力で引き連れつつ、この上ない乱暴をも正当となす。そのようにわたしはヘラクレスの行ないから推し量る。ゲリュオネスの牛どもを彼は、……エウリュステウスの館まで、罰も受けず価も払わずに追っていったのだ。

この断片的な句には解釈の幅がありうるが、一種の摂理―神々の「法」―のようなものが念頭に置かれていると見られる。高遠な摂理の下では暴力的手段も正当である、ヘラクレスのゲリュオネスに対する行為もこの観点から容認される、という趣旨であろう。前述（第二章8）のような、英雄による死の制覇だという見方に沿っていると思われる。

しかし、プラトンの『ゴルギアス』で、この詩句に関連してソクラテスと論争するカリクレスは、法と自然を対立させる考え方に関連させながら、「強者の論理」をぶつ。強者においては「法」と「自然」は一致して、彼の望むとおりにそれを「正当」なものとして行なうことができる。そしてこれこそ人間にとってもっとも望ましい幸福の形態だと述べ、その際に、ピンダロスのその句を持ち出して、この詩人も、強者ヘラクレスが、なんの罪もない弱者ゲリュオネスに暴力を加えたことを、この論理で容認しているのだと論じる。

西の果てに住むゲリュオネスは、ほんらいは死神のことであり、若さや生の横溢《おういつ》を表わすヘラクレスと死神との闘いは生と死との争いである、また、英雄が奪い取る牛の群れとは、死の闇から救出される魂の象徴であると見られる。ゲリュオネスは一種の牛盗人とも称しうる。それは救済者的な英雄の神話であり、彼の暴慢という問題は存在しないということになるだろう。

また、ヘラクレス神話の起源を旧石器時代にまでさかのぼらせるブルケルトの人類学的理論では、ヘラクレスは、スピリチュアルな狩猟を行なうシャーマンの原型とされる。シャーマンは、トランス状態の中で世界のかなたに旅し、狩猟用の獣たち（の魂）をそこで飼っている超自然的存在と交渉して、獲物がこちらの世界で確保されるようにする。このとき彼は、けっこう攻撃的な振舞いに出ることもあるらしいが、その場合も、自分たちの生存のため必死であるという情状酌量の余地がある。

たしかにギリシア人は、ヘラクレスの行為に不審な面があると感じることもあったらしい。だがこれは、西のかなたの三頭怪人を人間として扱う異論的試みに基づく。ソフィストのカリクレスの議論はそれを特殊な趣旨に利用する。しかし標準的にはゲリュオネスは怪物である。

他方、ゲリュオネスは、ほんらいはケルトの神であるという説もある。するとケルトの人々は、英雄が彼らの国々を蹂躙していったということへの恨みとともに、自分たちの崇《あが》める神への暴慢な振舞いにも憤りを抱いていたのかも知れない。以上は、ルキアノスが一時的に抱いた解釈に沿う議論である。

「弱者」の側の視点

しかし、ケルト人の復讐かという印象は、ルキアノスの一種の深読みあるいは誤解だったようである。その後に登場したケルト人は、そういう描写法は、決して英雄を侮辱するためのものではないと説明し、ルキアノスもそれを受け入れたのである。

しかし、ここには、ケルト的視点とルキアノスのそれとの間のある種の共通性が、はからずも表われているであろう。この深読みにおいては、それが間違っていたにせよ、ケルトというギリシア・ローマ的世界にとっての「他者」が置かれていたかもしれない情況に想像を及ぼし得る能力を、ルキアノスが持っていたことが示される。それは、上記のカリクレスの論とは反対に、「弱者」あるいは被支配者の側に立つ視点である。

ルキアノスが、これまで受けてきた教育のせいで、教養面ではギリシア・ローマ的な世界に属する人間であることは確かであるが、他方では、自分がシリア出身であることを忘れてはいなかった。複数の作品で、シリア人としての自分に言及しているのである。当時の人々にとって権威の高いギリシア語という言語を用いて、帝国内の人々に作品を発表し続けた彼だが、その精神の底辺には、非ギリシア・ローマ的な要素が残存していたと思われる。そういう両面性は、ギリシア・ローマ文化や教養を熱心に取り入れつつ、同時に、その絵画からうかがわれるように、独自の特徴も打ち出そうとしたケルト人の心性に共鳴できる余地を残していただろう。

4　剛勇から雄弁・智恵の英雄へ

雄弁の電磁力

この観点を念頭に置いて、例の絵画のもう一つの特徴を眺めることにしよう。

老人ヘラクレスという点よりもさらにルキアノスを驚かせたことがある。群衆が、自分たちの耳につなげられた金と琥珀製の鎖ならぬ紐で彼に引かれており、しかもその一方の端は、彼の舌にあけられた孔に結びつけてあった、また、人々は抵抗するどころか喜んで彼に従《つ》いてゆくという風情で、彼のほうも、微笑とともに群衆を見返っていた、という。

『イリアス』で、綱が強力な支配力の比喩として用いられている。そこではゼウスが、他の神々を脅しつつ、自分に楯突こうと思うならしてみるがよい、自分は「お前たち他の神々全部をまとめて相手にしながら、黄金の綱で引っ張り上げてやろう」と豪語する。この叙事詩全体において、神々は、対立的な態度で、力ずくの綱引きをせんばかりである。

しかし、ここのヘラクレス・オグミオスの場合は、力を用いずに易々《やすやす》とことを行なう。従《つ》いてゆく側も、彼を誉め称えながらいそいそと歩んでゆくし、彼のほうも、自分の力そのものは用いず、しかし力への自信は表わしながら、微笑を浮かべて悠然と進んでゆく。

ホメロスが、「黄金の綱」という句において、「黄金」という表現を使うのは、単に神々が綱引きに用いる道具であるからだろう。黄金という不壊《ふえ》の貴金属は、よく、不死の神々の本性を表わす比喩として使われる。しかし、ルキアノスの記す絵画の特色づけにおいては、黄金は、ヘラクレスの神的性質ももちろん表わしながら、さらに別の意味も含めている。そこでは黄金は、琥珀と組み合わされ、鎖ならぬ紐を成している。この紐は、美しい首飾りのようだったという。「北方の黄金」として珍重された琥珀は、非ギリシア・ローマ的な、異国的な空想を掻き立てながら、普遍的な宝飾品たる黄金と結び付けられている。

ここでは、ほんらいのヘラクレス的な剛力とは対比的な性質の、堅牢さに欠ける装飾品であるということが、逆説的に、彼の不思議な引力をいっそう印象づけている。美しい首飾りのようだったというから、ゼウスたちが取りついて綱引きをする太いロープではなく、黄金の環も琥珀のそれも、繊細で華奢なものだったであろう。引きちぎってしまおうとすれば容易にできるのにそうはせず、むしろそれが垂れがちになるほどに彼らがいそいそと従いてゆくというので、彼らを引きずる紐や綱などはそもそも要らないということである。それほどに、英雄から発せられる目に見えない魅惑力が強烈だったのである。

「琥珀＝エレクトロン」が静電気を起こすことも古くから注目されたので、そういうエレクトロニックな力も含意されているであろう。雄弁の電磁力を表わすのがこの紐である。

老齢・雄弁の神官ドルイドたち

ヘラクレス・オグミオス像の基本は、ケルト的と受け止めてよいように思われる。彼は、老人の、かつ雄弁の神である。雄弁という特長は、一般に賢者のしるしとされる。

このような点は、ケルトの神官階級ドルイド（ドゥルイデス）を想起させる。文字資料が残っていない古代ケルト文明をうかがわせる基本的な資料としてカエサルの『ガリア戦記』があり、ドルイドに関する記述もある。

ドルイド集団の中には一人の長がいて、絶大な権威を持っていた。そして、おそらく老人のこの指導者の下で、この集団は、ケルト人の間で大きな尊敬と威信を享受していた。彼らは、宗教的な事柄のみならず、実際の生活上の諸問題の解決にもかかわった。「戦争と縁のない生活を送る」彼らであり――ただしその長が死んだ後、後継者争いの武力闘争は起こりえた――、教義の修得と継承に力を注いでいる。その際に、文字に頼ることを戒めて、記憶と暗記を重んじたという。つまり口による教義の伝承、口承が学習の形態であり、これは、ルキアノスのオグミオス像における舌すなわち雄弁の強調に呼応すると言える。神官の発言の、絶対的権威ということにもつながっている。

ルキアノスが見たという絵には、ドルイドのイメージが投影され、それに影響されたヘラクレス像が描かれていたのかもしれない。

ヘラクレス・オグミオス像に関して、ルキアノス自身が含意する趣旨は、後述するように、弁論家としての自分に引き付けたより個人的な種類のものである。しかし、ドルイドの集団には政治性が密接に絡んでいる。もしケルト人たちがそこにドルイドを投影しているとしたら、この像のそういう側面は否定されない。そしてルネッサンス時代において、イタリア人やフランス人たちは、権力者の視点からヘラクレス・オグミオス像に注目した。しかしこの「ケルトの後裔」に関する話題は、本書の「エピローグ」に譲る。

雄弁・智恵の英雄としてのヘラクレス

この作品では、オグミオス像の支配者的、政治的な含みは打ち出されない。むしろ、舌の力を称揚しながら、ヘラクレスを賢者、また雄弁の神として提示する。「全てのことを雄弁によって成し遂げたのであり、その力ずくの業というものも、多くは説得によってなした」という。

詩人ピンダロスも、「説得者」ヘラクレスのことを述べている。オリュンピア競技の勝者に与えられる聖なるオリーブ樹について、ヘラクレスがそれをイストロス（ドナウ河）の源泉からもたらした、しかしそれは、いつもの力による入手ではなく、その地の民、極北人を説得した結果であったと言っている。

ケルト的ヘラクレス像においても、言語の力が含意されている。ギリシアにおいて雄弁の守護神とされるヘルメスよりも、力強いヘラクレスにこそそれはふさわしいというのがケルト人の考えだと説明される。ヘラクレスの「力強さ」は、ここで、別種の力の現われとして示される。

ヘラクレスは「賢者となって、全てのことを雄弁によって成し遂げた」と言われるように、雄弁は、智恵と結びつけられながら称賛された。沈黙は金、という思想は、沈黙の行を行なったピュタゴラス派はともかく、ギリシアでは一般的ではない。もちろん、単なるお喋りではない、効果的で的確な弁が称揚された。

雄弁は知恵を反映する。ある説では、智者ヘラクレスという論を推し進め、彼を占い師、あるいは自然学の研究を行なう哲学者として提示する。

ヘラクレスは占い師であり、自然の研究者であって、異邦人、つまり（小アジア）プリュギア人のアトラスから宇宙の柱を受け継いだとされるが、この神話は、天空のことに関する知識を学んで継承したということを暗に意味するのである。（ヘロドロス）

「暗に意味する」という表現は、ここで言及する神話、つまり、天空を肩で支える巨人アトラスから、ヘラクレスが、一時的にそれを受け取ったという話を、寓意（アレゴリー）的に解釈していることを示す。この神話の隠れた真意は、英雄が、天空に関する知識やそれに基づく星占いの技術をアトラスから学んだということだ、と言うのである。肉体的行為を、知的営みに転化する。天空をかつぐというのは超巨大な身体を示唆するので、ふだんは人間たちに交って活動する英雄にはそぐわない。アレゴリー的解釈を促す素地がこの神話にはもともとあるわけである。

アレゴリー的論法には本篇でも言及される。その絵に当惑するルキアノスに、ケルト人のガイドが、「この絵の謎を説き明かしてあげましょう」と述べ、「謎」、つまり隠れた意味を、明らかにしてくれたという。

こういうアレゴリー的解釈法とともに、寓意をこめた創作も行なわれた。われわれには、イソップの動物寓話がなじみ深い。ヘラクレス関連ではないが、ルキアノスは、『誹謗について』という作品の中で、宮廷において誹謗中傷を受ける人間の危険を描いたという画家アペレスの絵を、文章によって伝えた。この絵は、ルネッサンス時代に、ボッカチオによって復元の試みが行なわれたことで有名である。ヘラクレス・オグミオス像についても、やはりルキアノスの記述を基にして、そういう復元が行なわれた。ただし、ボッカチオの描いたような本格的な油絵ではなく、線描的な「寓意画（エンブレム）」と称されるものである（「エピローグ」参照）。元のケルトの像も、そういうアレゴリー的創作の伝統に属していたと見られる。

5　老年への呪詛から讃美へ

本篇では、永遠の青年ヘラクレスという英雄像に表わされている伝統的な幸福観や人生理想に対するアンチ・テーゼが提起されようとする。老ヘラクレスについて述べてきたルキアノスは言う。力や速さや美しさなどの肉体的長所にはおさらばを言おう。そしてお前のエロス神は、テオスの詩人（アナクレオン）よ、わたしのゴマ塩のあごひげを見て、黄金色の翼を、そうしたければ、はばたかせ飛び過ぎるがよい。

詩人アナクレオンは恋愛抒情詩で知られる。彼の作品で、エロス神が、若い娘と遊ぶよう「わたし」つまり詩人をけしかけるが、娘は、彼の白髪を見て相手にしない、という内容のものがある。この「わたし」は、生来色好みと見えて、若い娘を前に、性懲りもなくエロス心を掻き立てられる。「またまたエロスに鞠《まり》を投げ当てられて」、胸のときめきを覚えたと、比喩的に表現している。

その詩ではまだユーモラスに自虐的に言っているが、別の詩では、「もう甘美な人生の日々は多くは残されていない」などと述べて、老年の惨めさと死への恐怖を率直に表現する。ここでは挙げられないが、ミムネルモスという抒情詩人も、恋愛と老年を対比的に歌う有名な詩で、恋ができなくなったらもう自分は死んでしまいたいと言っている。ローマの諷刺作家ユウェナリスは、老いぼれてからの長い年月は、なんと間断なき、なんと悲惨な不幸に満ちていることか……自分の妻や子供から、いや、おのれ自身からも愛想をつかされ……酒にしても食べ物にしても、味覚が麻痺しているから、以前のようにおいしくはない。（國原吉之助訳）

という言葉で、身につまされる恐るべき真実を、世の老人たちに突き付ける。

ここでルキアノスは、そのように否定的な老年観で対比的に称揚される肉体的若さと魅力を自分が失うことになっても、あるいは、恋愛詩人が執着し謳い上げる「胸のときめき」がもう起こらないようになっても、自分は苦にしないと表明する。負け惜しみも入っているだろうが、エロスが、年寄りの自分をはなから無視し、色事へけしかけようとしなくとも構わないと言う。

むしろ彼は、ケルト人のガイドの説に従いながら、雄弁に関しては、老年にこそ若さと盛りがあるという逆説を唱える。

今（老年）がその時期なのだから、雄弁によって、若さや華々しさや盛りの頂点に達し、できるだけ多くの人々を、耳を介して引き寄せ、何度も（言葉の矢を）射かけたいものだ。

もっと若かったころのルキアノスは、ケルト的ヘラクレス像をはじめて見たとき、ギリシア的英雄に対する侮辱だと思って「怒り」を抱いたという。しかし、自分が老人になった今、それを思い出し、むしろそれが自分の現在の状況に適合していて、自分を励ましてくれる格好の英雄像であることを理解する。

あの老人ヘラクレスのことを想起すると、わたしは、何でもしてやろうと励まされ、あの肖像と同じ年頃なので

元気づく、と述べるのである。

老年の弁護は、例えばキケロの『大カトー・老年について』でも行なわれているが、そこでは哲学的・人生論的な観点に拠っている。本篇では、一つの具体的な英雄像に仮託しながら、個人的な立場からの主張と願望を―ただし自己滑稽化も一部織りこみつつ―率直に披瀝する。青年英雄を変容させた特異な像を示して、若さをよしとする伝統的な価値観からの「回心」を主張する。

6　老ヘラクレスに託す庶民的願望

ヘラクレス像は、政治的に、ローマ皇帝のブランド・イメージにも利用された。例えば、ローマ

建国者ロムルスがヘラクレスに譬えられ、古い貨幣で、表にヘラクレスの像を、裏にロムルス・レムス兄弟が雌狼から乳をもらっているところを刻んでいるものがある。ドミティアヌス帝は、「より偉大なヘラクレス」と追従された。ライオンの皮をかぶりながらヘラクレスのポーズを気取ったコンモドゥス帝は、ルキアノスと同時代人である。またコンモドゥス帝などの模倣には、自分の永続的な若さへの願望も込められている。

しかしルキアノスの筆によるヘラクレス像では、まず政治レベルでは、むしろ被支配民からの独自の「解釈」が伝えられる。ケルトという辺境の、ギリシア的にしてかつ異国的な神話像を受け入れつつ——あるいは加筆が含まれているとすれば、その奇妙な混合的性質をさらに強調しつつ——、語っている。この意味で、公平に両視点を取り込んでいるのは、ギリシア・ローマの文献中、珍しい例と言えるだろう。

また、個人レベルでは、ここで世界征服者としてのヘラクレスとルキアノスが、雄弁の力という観点から重ね合わせられるとはいうものの、そこには、皇帝の権力と張り合うといった大それた気持ちや、支配者への批判という先鋭的な意識は含まれていない。

むしろ、帝国辺境の視点を取り入れながら、人間の栄光を象徴するヘラクレス像が、栄位を極めた皇帝以外の人間にも持ちうる別の意味を、そこに見ようとする。人々に広く与えうる励ましを、創造的に提示しようとしているとも言える。異郷の独特な神話形象を、個人的な立場や思いや希望に、共感をこめて引き付ける。それは、庶民にも歓迎され志向されうる理想像である。言葉の鍛錬

や知性の修養は、権勢などにとくに恵まれない人間にも、また年を取ってからでも―本篇によると
むしろ老年においてこそ―、われわれの人生航路に光をもたらすという。ここでは、そういう民衆
的なヘラクレス願望が、ただし世界制覇の英雄に見合った大胆さも少し込めて、表現されている。

第五章　ヘラクレスは何者だったのか？

諸起源説・本質論を概観しながら

ヘラクレスの神話は豊穣な伝承内容を持っているが、それをめぐって現代まで行なわれてきている解釈方法も多種多様である。内容の点では、本書で取り上げた話は選択的にならざるを得なかったが、それでも、その豊かな側面をある程度うかがうことはできるはずである。しかし、解釈方法の点では一定の視点を中心に置いた結果、ほかのアプローチ法にはあまり言及していない。だが、異なる方法論についてもっと知りたいという読者もいるであろう。

例えば、彼は実在した人物なのかといった質問を授業などで受けることがある。何か歴史的・実体的な核がこの神話にはあるのではないかという考えから、彼の足跡を辿ろうと試みる人々が古来いる。しかし他方では、歴史的な側面には懐疑的で、むしろより抽象的理論的見方に立ちながら、その神話的起源や発達を論じることも行なわれる。そのように、おおまかに、歴史関連説と非歴史的起源説とに二分しうるが、その間に位置づけられる混合的な説もある。

この章では、ヘラクレスの諸起源説・本質論を概略的に見つつ、論評も若干加えながら、今述べた解釈法に関する記述的不備を多少でも補いたいと思う。また、それを通じて、本書で取っている立場をそれだけ明瞭にすることにもなるであろう。

1　事実的な核をそこに見ようとする解釈法

実在人物説

『オックスフォード古典事典』第二版の「ヘラクレス」の項では、ヘラクレス神話が形成された基底には、想像的というより、ある実在した人物の事績があったに相違ない、それはヘラを崇拝する民の子で、ティリュンス人であった、この「実在したヘラクレス」は、大君主たるアルゴス（ないしミュケナイ）の王に仕える領主あるいは直臣だった、と述べられている。

たしかに、ある傑出した功績を残した英雄の伝記が、架空的空想的なもろもろのエピソードを取り込み、誇張的な武勇伝に発展することは、一般によくあることである。

しかし、それにしては、この「実在したヘラクレス」の活躍談には、超自然的な性格が強すぎる。ネメアの「傷つけ得ない」怪物ライオンや、多頭の竜たるヒュドラのような怪物や、冥界の番犬のように彼方の世界の存在が、彼の主な相手だった。リアルな軍旅を思わせる話は、彼の神話においてむしろマイナーな要素である。

史実反映説

歴史的な視点は、同じ事典の第三および第四版でも継承され、実在人物だったとはもはや言われないものの、この神話の背景にやはり史実的状況が隠れていると考えられている。ヘラクレスという名は、「ヘラを通じて栄光（クレオス）を得る者」の原義であると見られ、これによると、ヘラを崇拝する人に授かった希望の子がヘラクレスであると考えられる。しかし、実際のヘラクレス神話においては、ヘラの彼に対する執拗な迫害行為が語られるので、それと大きく矛盾する（第一章4参照）。両者の敵対関係は、その項目の執筆者によると、ヘラの崇拝者の側からの、ヘラクレスをあがめる人々への敵意という、宗教史的状況を反映するという。そして、政治史的にこの状況は、アルゴス人、すなわちヘラ崇拝者たちが、ティリュンスというヘラクレスの父祖の故地を支配下に置いたときに生じたものだという。また、このときに、ヘラクレスの父母のテバイ移住という神話に反映されている可能性のある、ティリュンス人のテバイへの移動があったかもしれないと推測する。そのときに、この英雄（崇拝）もそちらへ持ち出されたか、という。

しかし、アルゴスでも、ティリュンスでも、女神ヘラと、「ヘラの授けた子」であるヘラクレスとは、いっしょに崇められていたと考えるほうが合理的であろう。両者がきっぱり切り離され、ヘラクレスはティリュンス人の崇拝に限定されたとは考えにくい。両市は、同一の宗教観念と慣例を共有する圏に属していたと思われる。

また神話上、ヘラとの敵対関係には、浮気を通じてヘラクレスをもうけたゼウスの存在が大きく絡んでいる。ゼウスとヘラとの夫婦関係は、上記のように、すでにミュケナイ時代に確立していた。ゼウス関連の視点が、この理論には含められていない。

その他、ティリュンスを治めるヘラクレスがミュケナイ王に仕えるという神話は、ミュケナイ時代における二国の主従関係の史実を反映するとも説かれる（第一章4参照）。「実在人物」説を含め、史実的アプローチ法は、古代ギリシアの神話に関しては、その年代的古さのため、一般的に言ってなかなか論証が困難である。ミュケナイ時代に続く暗黒時代において、エーゲ海文明が全般に大変動と歴史的断絶をこうむったという事情もある。

「シャーマン」ヘラクレス──文化人類学的理論

文化人類学的理論は、史実というものではないが、人類が太古に送っていた頃の暮らし方や、行動習慣の実態に注目し、神話の発生もそこに関連づけようとする。

かつてニルソンは、多くのギリシア神話の成立期をミュケナイ時代に置いた。ブルケルトは、このニルソン説では、さかのぼる距離が短すぎると修正する。すなわち、青銅時代に属するミュケナイ時代よりもさらに前の新石器（・農耕）時代にまで遡行させるべきだという。しかし、ヘラクレス神話に関しては、さらに昔、人類が狩猟生活を送ることで糧を得ていた旧石器時代に源があると考えている。

すなわち、ヘラクレス神話においては、ほかの契機とともに、とくにシャーマンのイメージが英雄に投影されている、その活動形態が彼の冒険物語の範になっているという（第四章3参照）。狩猟民族のシャーマンは、狩りの成功や食糧（肉）の確保につながる豊富な獲物を授けてもらうなどの目的で、「動物の支配者」と称される神霊と「直接に接触・交渉」した。この神霊は、世界のかなたに住んでいて、動物の霊魂たちを支配していると想像された。重病人の魂の連れ戻しなどの他、そういう目的も果たすため、シャーマンは、スピリチュアルな旅を行なうと称したのである。

なお、シャーマンの語は、ここでは、いわゆる脱魂をして霊的な探訪を行なう行動型呪術師を指す。より広く、憑依型の巫者も含めることがある。

さて、ブルケルトが、「シャーマンの旅のタイプと最も近縁である」というK・モイリの文を引用しながら、ヘラクレス神話でとくにシャーマニズム的要素を感じさせる物語として挙げるのは、ゲリュオネスとの冒険談である。英雄は、三頭の怪人ゲリュオネスの牛たちを奪ってくるよう命じられた。そして、太陽の沈むはるか彼方の地に向かう。牛群の所有者ゲリュオネスは、「動物の霊魂の支配者」的である。

この一例はたしかにそれらしいとも思える。しかし、ブルケルトも認めるように、ヘラクレスの戦闘相手には、ライオンやヒュドラのように、食用になるとは見なしがたい生き物が含まれる。そういうエピソードでは霊的な旅を思わせる要素もない。ヘラクレス即シャーマン像の投影という説は、部分的にのみ適合する。

2　当時の宗教観念や文化特性に関連づける方法

ヘラクレス即「一年神（豊穣神）」という理論

標準的な神話ではヘラクレスは、人間界に生まれた後、労苦の人生を経て最後に天上へ昇るが、ある理論によると、彼はもともと神だったという。

J・E・ハリソンは、ヘラクレスを、豊穣神、「一年神（イヤー・スピリット）」の一人と見なした（『テミス』）。年ごとに死んでは再生するという神霊を、古代では、豊穣の祈願との関連で崇拝した、それが神話に反映されているという説である。穀物や果樹の生物学的サイクルを念頭に置いている。ドイツ人ゲルマニストのW・マンハルトによる「穀物神」という観念にならった、再生する神というこの理論自体は、今日でも、麦の女神デメテル・ペルセポネなどにかかわる神話を説明する際には役立つと見うる。

しかし、ハリソンのこの説によると、ディオニュソスやアスクレピオスらも一年神とされているが、力持ち英雄というヘラクレスの特性が、これらの神との相違点として、どのように発現してくるのか了解しがたい。

ヘラクレス即ヘラの伴侶という説

ハリソンは、いま触れた理論を立てる前に、ヘラクレスをヘラの神的伴侶とする起源説を述べた（『ザ・クラシカル・レヴュー Ⅶ』）。ギリシアのずっと昔の時代、ヘラはもともと月の女神であり、太陽としてのヘラクレスを配偶者にしていた、とする。

これは、神話学的には、ドイツの学界で一九世紀当時盛んだった「天体神話説」に依拠している。嵐や太陽の動きなど、さまざまな自然現象に対する古代人の「驚き」が神話を生みだしたとする「自然神話学」から派生し、太陽や月などの運行をめぐる神話的観念に多くの神話の源を求めようとした学派である。

古代の人々の素朴で感受性豊かな心の「驚き」を笑うのは賢明ではないし、自然神話学説全てを荒唐無稽と否定すべきでもないが、少なくともハリソンのこの説は空想的に過ぎる。

なお、宗教混淆を通じヘラクレスがエジプトにも浸透したとき、そこで中心的に崇拝されていた太陽神や、それと関係させられる月神と同一視された可能性はあるが、これは、より後代の神話発展である。

尻に敷かれる夫？──伴侶説　その二

ハリソンはのちにその説を捨てたが、類似の発想を独自に得たA・B・クックが、やはりヘラクレス即ちヘラの伴侶とする論を発表した（『ザ・クラシカル・レヴュー Ｘ』）。かつて、ギリシアのある民族においてゼウスの妻はヘラではなくディアであった、他方、別の民族においてヘラの夫はヘラクレスだったとする（ディアは、ゼウスの女性的呼称で実質のない女神）。しかしその後、両民族の混和が起こり、配偶者の取り換えが成立して、ゼウスの妻の座にヘラがおさまった、という。

クックのアプローチ法は、天体神話説的な側面は持たないが、その代わりに、バハオーフェンらが唱えた女性支配制ないし母権性の理論に基づいている（この点は、ハリソンの前の説にも一部含まれる）。そして、歴史的に、それから父権制への転換があったとする。その配偶者の取り換えも、ゼウスを主神とする父権的な民族が優勢になって、ヘラをあがめていた母権的な民族を、宗教的にも従属させた結果とする。

女性支配制は、文学モチーフとしては、喜劇作家アリストパネスによる『女の平和（リュシストラテ）』などで有名であるが、神話的には、アテナイの伝説的な王ケクロプスが、それまで女性に与えられていた投票権を廃したと言われ、さらに、それまでの雑婚制の代わりに通常の結婚制度を導入し、それ以前は、誰が父親か分からない状況下で、子供を母親にちなんで呼んでいたのを、父親に基づく名称法に変えさせた、と伝える。小アジア・リュディアの女王オンパレは、軟弱な男たちを牛耳る女性支配者の典型として語られた。やはり小アジア・リュキアにおける女性支配制について述べるヘロドトス『歴史』の記述を、バハオーフェンは、大きな拠り所にした。歴史時代では、アルゴスの女流詩人テレシラが、女性の軍隊を率いてスパルタ軍と戦い撃退したなどと伝える。

女性支配制の理論そのものは、今日の専門家の間でも肯定的に受け止められる場合がある。その

ゼウスの前でヘラとヘラクレスとが向き合う図（原像は前4-3世紀のエトルリア青銅鏡、メトロポリタン美術館。その線描図、W・H・ロッシャー『ギリシア・ローマ神話学事典』より）

際、そういう制度を暗示する古代資料の数々は、実際にあった社会的慣習を反映すると見なされる。国家による統治制度に対し、利益面で齟齬する有力な家門の、政治権力的な論理があるともされる。

そしてクックは、天下を握る女たちが、男たちを尻に敷きつつ圧制したという事情が、ヘラの迫害の話に反映されていると見る。「ヘラクレスは、女性支配的な妻の伴侶だった。妻にいじめられる夫―ヘラの指示に従って、あちこちへ、どこにでも行かねばならない夫だった」と述べている。

しかし、ヘラクレスが彼女の伴侶だったという説を裏づける資料は存しないと見られる。クックは、ある有名なエトルリアの青銅鏡において、玉座にすわるゼウス（ユッピテル）の前で、ヘラ（ユノ）とヘラクレス（ヘルクレス）とが向かい合っている図像を両者の結婚の場面と解している。しかしヘラの夫ゼウスがしっかり見ている前なので、この説はおかしいと言わざるを得ない。これはむしろ、天上に昇ったヘラクレスとヘラとの、和解の表現と見るべきであろう。

たしかに、オリエントの宗教や神話まで視野に入れると、絶大な権力を持ち、夫や愛人に対しても専制的に振る舞う女神が存在する。タンムズに対するイシュタルなどであり、これは、ギリシア神話で、アドニスに対するアプロディテの関係に通じる。ヘラクレスを起源的にヘラの伴侶とする説は、最近でも唱えられている。ある学者は、人間の男が女神に養子にされ、のちに神的な位の配偶者に据えられるという、オリエント的エジプト的神話が元にあると論じている。

しかし、こういう理論は、英雄とヘラとの関係について語られる物語全体の性格には適合しない。じっさいに彼をヘラの夫とする資料は認めがたい。また、ヘパイストスを夫とするアプロディテが、アドニスやアンキセスを見染めたといった話に呼応する、ヘラの、ゼウス以外の者に対する浮気、一時的結婚という伝承も見出されない。ヘラは、すでにミュケナイ時代の資料であるピュロス文書において、ゼウスと組み合された形で現われる。この夫婦関係は、すでに古くから確立していたようである。しかも、浮気な夫に怒るヘラは、自分も対抗して浮気するという態度には出ない。正しい結婚関係を守護する女神なのである。ヘラに、大地母神的な性格の片鱗が認められることはたしかだろうが、少なくともアプロディテのような「淫蕩」な顔は見せないという点は、この女神の際立った特徴である。

ヘラとヘラクレスとの戦闘（ロッシャー『ギリシア・ローマ神話学事典』より）

女神と英雄との相互的な敵対関係が、彼の地上の生に関する限りは、資料で一致して認められる特徴である。イタリアの図像資料では、ヘラとヘラクレスとの間の戦闘を描くものがいくつかあり、お互いに、戦士的な武装をして対峙し合っている。「尻に敷かれる」恐妻的・服従的な夫の姿は見出されない。

なお上記の、人間の男が女神に養子にされ、という点との関連で、ヘラに「クーロトロポス＝若者の養い手」という側面があることはたしかと思われる。主に女神、稀に男神が、土地の若者たちの成育を守護する者として崇められた。アルゴスの古層神話で、ヘラクレスも彼女に養われる若者だった可能性はある（第一章4参照）。しかし、両者の関係が配偶者にまで発展したとは考えがたい。

英雄に卑屈な態度を見せる女神？——フェミニズム的な見方

アメリカの女性学者Ｅ・Ｃ・クールズは、一般に女神たちの卑小化という主題がギリシア神話では推進されていると考える。例えば女神アテナが、ヘラクレスに給仕しながら、彼の持つ盃に酒を注いでいる様子を描く図像に、女神の「卑屈な役割」を見ている。しかし、文字的情報をほとんど掲げない図像の意味を論じる場合には、慎重な読み方が求められる。

男女は逆になるが、以前、アメリカ映画『スーパーマン』（旧シリーズ）の第何作目かで、スーパーマンの姿を現わしている主人公が、人間として勤務している職場の同僚の女性に給仕をするという場面を見たことがある。より上の、威張ってもよさそうな人物が、より下の者に、ホテル・ボーイのごとく仕えるという、一見特異な場面である。しかしこれは、その上位者を卑しめる意図の演

アテナに「給仕」されるヘラクレス（赤像式キュリクス（杯）。前480-470年。ミュンヘン古代美術コレクション）

出ではなく、むしろ、相手を尊重し、その危機には救助を惜しまないという姿勢の表現である。じっさい、その女性をしばしば救助するスーパーマンである。

　そしてアテナも、英雄たちの援助をしばしば行なうが、ヘラクレスの冒険中にも、彼を何度か援けた。またオリュンポスへの昇天のときも、くだんの薪山の上から彼を先導して、ゼウスの前まで連れて行ったという（第一章6参照）。彼の疲労を癒すように酒を注いでやる女神の行為は、そういう一連の援助につらなっている。

　クールズの挙げている図像では、ヘラクレスは、恐縮して、あるいは感謝しながら、アテナの給仕を受けるという態《てい》であり、むしろ女神の庇護者的な様子が伝わってくる。

　アテナは、フェミニズム論者たちから、ほんらい大地女神的であったのに、けっきょくゼウスたちの側に付くようになったと、嘆くように言われることもある。しかし、ひとりの大地女神として天空神ゼウスに対峙し続けるよりも、むしろこの宇宙の支配者の娘となって彼と協同する関係を築くことは、そして、全能者と連携しつつ各都市の守護者として尊崇される地位を持つことは、「裏切り」というよりも、父神的イデオロギーと融合的に合致させうる現実的な道だったと思われる。『オデュッセイア』では、ゼウスの娘としてのアテナの位置と、彼との協同態勢は、すでに固まっている。

そして、フェミニズム論者にとってはおそらく天敵の一人であるヘラクレスの神話では、天上でのヘラとの宥和という結末を通じて、一つには、男性的原理と女性的原理の協調が目指される。

3　人間一般の精神構造や心理の本質に即する見方

「ヘラクレスの中の女性的なもの」という論――構造主義

構造主義に依拠して二項対立的観点からヘラクレス神話を論じるN・ロローは、ヘラクレスが神話伝承の中で示している諸矛盾の中にまさに統一性が見出されるとする（『テイレシアスの経験』）。例えば、相手に弱さを見せるオンパレやデイアネイラのエピソードでは、英雄自身の中にある男性的および女性的要素の併存―「ヘラクレスの中の女性的なもの」―が表現されているとする。なお、レヴィ＝ストロース流の構造主義によると、一般に神話では、相反する要素の二項対立的な構造とその解決が表現されていると説かれる。

たしかにヘラクレスは、互いに相容れがたい要素を多々抱えている。これは、第一章４で述べた、地域間の伝承・主張の相違による「異なる顔」の出現ということよりも、彼がもともと本質的に内部に有している矛盾的多様性である。例えば、マッチョの彼が女装をするとか、王族に属するのに、アウゲアスの牛舎の糞掃除という奴隷仕事を―しかも報酬を要求しているので多少は自分から進んで―引き受けるとか、筋肉マンだがけっこう知恵も発揮するとか、「白馬の騎士」的な救助をする一方で、ときに女性を犯したり略奪したりするとかいった点にそれは現われている。

しかし、二項対立の観点を基礎とする構造主義の方法では、物語の構成を静的なものとして見ることになるであろう。「ヘラクレスの中の女性的なもの」という論も、両要素がそこに初めから存在し共存しているという見方による。むしろわれわれは、伝記的なヘラクレス神話に、全体として、物語展開のダイナミック性が発現していると考える。いわば、「静止画像」ではなく、「活動写真」として捉えるわけである。矛盾の「解決」も、神話のストーリー展開を通じて表出される。男女両原理の協和という点自体には賛同できるが、ヘラクレス神話を理解する方法には異を唱えたい。

また構造主義は、知性主義的なアプローチ法をあえて採るが、一般に神話は、むしろより常識的に、空想性を特徴とすると見るべきであろう。神話思考は、しばしば超論理的である。

心理学的な理論――家族関係の問題とギリシア神話、「夢・願望充足」と神話

最後に、心理学的な神話論に触れることにしよう。

スレーターは、多方面に関心を持った人だが、ヘラクレス神話についても、フロイト的な心理学にある程度依拠しつつ、家族心理学的観点から論じている。彼の、『ヘラの誉れ―ギリシア神話とギリシアの家族』と題された書で、ヘラはヘラクレスの継母ではなく、実母の神話イメージと捉えら

れている。一般に幼児と母との関係の心理的影響がフロイト理論で重視されるが、スレーターは、とくに古代ギリシア社会においては、乳離れの辛い体験が、その後の人生の心理的葛藤を引き起こしやすくなっていたと見る。新たな子がはらまれると、より年長の子は—といってもまだ三歳くらいだが—、それを諦めるよう強いられる。母の胸に苦い汁が塗られたりする風習が他文化圏から引かれる。英雄がヘラに「授乳」されたとか、女神の胸を—強く噛み過ぎたり、弓を射たりして—傷つけたとかといった、乳房にこだわる話は、それから突然引き離されるトラウマに関連するという。他方、ヘラが大蛇を赤子の英雄に送りこんだという話などには、男児に対する母の両価的感情の負の側面が表わされていると見る。母は、男児に期待する一方、圧制的な夫への不満から、彼を思い出させる男児にうとましい気持ちを抱き、保護と攻撃の両方を加えがちという。

筆者のような門外漢に理解しうる範囲で、彼の議論を要点的に紹介したが、フロイト理論的に性的要素を重視し、それに絡めながら論を推し進めてゆく部分にはついて行けない。例えば、ヘラクレス神格化の話は、元は、思春期の割礼儀式を示すかもしれないと述べる。切り取られた皮は、「ペニス願望」を持つ母に与えられて彼女を満足させる一方、成長した彼のほうは自立を遂げるという趣旨らしい。

しかし、それはともかく、ギリシア神話の読み方において、家族関係の問題を重んじるべきだという点自体には賛同する。ギリシア語などには非専門家ながら、ときに興味深い視点を提示している。

次に、「夢」と神話という問題である。フロイトら深層心理学者たちは、両者をしばしば関連づける。この理論は、人類学研究と結びついている。カークの文を引くと、例えば「北米インディアンは、神話は夢見られる、神話が現われるのは夢としてである」と信じていたと言われ、そういう知見から、「ライク、アブラハム、ランクからフロイトそしてユングに至るまでの……観念、つまりある意味で神話は部族の集団的夢であるという観念」が発生した。集団的夢の個々の要素を成す個人的な夢も、神話のアナロジーにされる。例えばユングは、「神話作者が、われわれが今日夢のなかで考えているのとほとんど同じ仕方で考えていたという結論は、ほぼ自明のことである」と述べた。

ここで言われる「夢」とは、夜間または白昼に体験される文字通りの夢見のことである。論理の飛躍や、空想的性質や、諸要素の不可解な混合などの点で、神話と通じ合う特徴を示すと見るのである。深層の無意識を探求する彼らにとって、夢は「無意識の思念」と思われたのである。

この理論は基本的には興味深い。例えば、夢見を語りの大枠とするキャロル『不思議の国のアリス』には、神話的発想―伝承神話よりも創作神話・メルヘン的着想―が充ちているが、それらにじっさいの夢のパターンやモチーフをなぞらえることは可能である。

しかし、深層心理学者たちの理論は、一般人や各々の学派以外の者には受け入れがたい特殊な説明あるいは玄妙な解釈に走ることが多い。理論面では、フロイト派の性的要因への執着がそうであるし、ユング派があたかも実体的存在のように唱える「祖型」論もそうである。個別の議論では、そこが彼らの腕の見せ所ということにもなるので、頭をひねった講釈をあれこれ聞かせられることになる。

さらに、カークが触れているように、夢見と神話発生とをつなげようとする場合、厳密な方法として、夢のプロセスを、生理学的あるいは脳神経学的に究明した上で、それをさらに神話語りに関する言語学的その他の解明につなげる必要が出てくるだろうが、この課題の達成は遙遠である。

他方、よりおおまかに、神話では人々の願望が表現されているとする説も、人類学者や説話学者たちによって出されている。それは昔話（メルヘン）に関して言われることが多いようである。小沢俊夫が紹介する、M・リュティというメルヘン学者は、「昔話はこの世界のなかでの人間存在の真相をじっと見つめ、われわれに示してくれる。そうすることによって人間のもっとも深部にある願望を充たしてくれる」「昔話は……人間の最終的な、永遠な願望を満足させる」と述べている。また、カークは、「ギリシアの英雄神話のような本質的に貴族的な説話」と、『シンデレラ』などのグリムのメルヘン、民間説話とを区別しながら、後者は「庶民の願望・切望」を明らかにしているとする。

しかし、そのカークも、他方で、（神話的）英雄は「絶対力と自由への意識下の渇望を反映」すると言っている。願望表現の働きを英雄神話に否定する根拠は乏しい。もちろん、その働きばかりではないが、この欲求が大きな位置を占めている。R・ベネディクトやF・ボアズのような有力な人類学者は、神話一般に、願望充足の機能を見る。言語の力を駆使しながら、空想をある意味で実現させるのが、神話や昔話である。

文字通りの夢が、心の底の願いを反映している場合ももちろんありうるが、本書では、より大きな意味で、それを願望の同義語として用いながら、しかもそういう夢・願望は、ヘラクレス神話の多くの部分に関しては、人間一般に広く抱かれうる性質のものとして論じた。ブルケルトは、「人間共通の信仰と空想の生み出した大変に親しみのある人物」がヘラクレスであると述べている。

ギリシア・ローマ時代の人々に普遍的に親しまれた英雄は、その時代や地域に限定されはしなかった。ルネッサンス以降、現代に至るまで、いわばヘラクレス現象は繰り返されることになる。この点自体が、この英雄神話の源をわれわれの心の中に置く見方を支持するであろう。

もちろん、彼がわれわれにとって「親しみ」を有する側面は多種多様である。個人的思い入れの場合もあれば、政治的な利用や商業的な目的などに供せられる場合もあるだろう。ときには、ヘラクレス的狂気の再現かと思われるような、人間本性にかかわる深刻な事例も繰り返される。

次章の「エピローグ」で、近代以降のそのような話を簡略に取り上げる。

エピローグ

ルネッサンスから現代までの新しい「ヘラクレスたち」

われわれは一気にルネッサンス以降に飛ぶことにしたい。政治世界、文学、映画などに登場するヘラクレス的な英雄を挙げてゆけば切りがない。以下では、本書で扱った話題により密接に関連する諸例を—それでも少しアットランダムな選択だが—、取り上げることにする。より新しい時代の「ヘラクレスたち」である。

1　ガリアのヘラクレス
——ルネッサンス時代のフランス

ルキアノスの老英雄に関する記述は、古代におけるヘラクレス神話の発達には影響を与えていない。二世紀の比較的後代の作家によるものであるし、あまりに独特なものでもあったからだろう。

しかし、一六世紀以降のルネッサンス時代に、それは大きな関心を引くことになる。イタリアやフランス等のヨーロッパ各地でそれは注目を集め、そのテキストを基に図像も描かれた。一六世紀のイタリア人アンドレア・アルチアト（一四九二—一五五〇年）による寓意画（エンブレム＝見出し語や説明句付きの寓意的絵画）では、「雄弁は力に優る」というラテン語の見出し語の下に、弓と棍棒を両手に持つ「老ヘラクレス」が、綱あるいは鎖で、多くの人々を引き連れて行く様子が描かれている。同時代のフランスの人文学者として有名なギヨーム・ビュデは、ルキアノスのこの作品をラテン語に訳し、さらにそれをフランス語でも語り直した。彼が、ラテン語ではなく自国語で書いたのは、

アンドレア・アルチアトの寓意画「雄弁は力にまさる」
(ルキアノス『ヘラクレス』の記述に基づく。Andrea Alciato, *Emblemata*, Augsburg 1531)

このときだけだったという。

このように関心を呼んだのは、一つには、「文芸復興期」においてギリシア古典を再発見した西ヨーロッパの知識人が、その研究を通じて得られる教養と雄弁の力に、自己の誇りと存在意義の拠り所を見たからである。

他方、当時の学者や詩人たちは、宮廷のパトロンにその生活と活動を依存していた。そして、「雄弁のヘラクレス」が群衆を従える図を、王の偉大な支配力の象徴として彼らに示した。雄弁あるいは言語は、力に優るとも劣らない支配を可能にするというメッセージを、王たちも受け入れた。絶大な権力を誇るドルイドを連想させるヘラクレス・オグミオスの力は武力ではなく、雄弁の魅力によるものだが、ヘラクレス的な世界制覇に通じる威力を感じさせる。バルテレミ・アネオというフランス人は、「武器は学芸に場を譲る。なぜなら、どれほど厳しい心も、雄弁には負かされるから」と述べた。当時の為政者たちは、「文化的政策」の観点から、言語の力が重要であることを認識していたのである。とくにフランス人が、この寓意に関心を持った。

彼らを引きつけた大きな要因が、その英雄像のケルト出自という点である。上記のように、ヘラクレスに建設されたというアレシア、現フランスのアリーズ・サント・レーヌが、古代ケルトの首都的な地位を占めていた。ケルト族はヘラクレスの血を引くと言われた。そこで彼らは、ヘラクレス・オグミオスを、自分たちの先祖の英雄と見なした。

フランス人は、中世からの伝承として、トロイア人につながるとされたフランクスという人物を名祖に掲げていた。トロイア人によるローマ建国を謳った叙事詩『アエネイス』の威光が大きかったと言われる。しかし、ルネッサンス以降、敗北民族であるトロイア人よりも、ヘラクレスの系譜のほうにより傾斜していった。

「ガリアのヘラクレス」(G. Tory, *Champfleury*, Paris 1529)

それは、言うまでもなく、内政的また国際政治的な統治や覇権主義とつながっている。しかしとくにフランスでは言語は、J・トラバントが言うごとく、「帝国の伴侶」という役割を担いながら、支配者階級と連れ立っていた。一五四九年におけるアンリ二世のパリ入城の際には、フランスの諸国民を綱で率いてゆく「ガリアのヘラクレス」の像が、パリの市門を飾った。彼は「諸悪を祓《はら》うフランスのヘラクレス」と呼ばれた。ギリシアの英雄を「小さいヘラクレス」と呼んだり、支配者オグミオスが話しているとされるフランス語の、他の言語に対する優位性を唱えることさえ行なわれた。前記の、ビュデによるルキアノス本篇の仏訳は、そういう愛国的傾向にも連なっている。また、中世において普遍的言語の地位を占めていたラテン語に取って代わろうとする野望を、フランス語の話し手たちは抱いた。詩人ドュ・ベレによる、一五四九年刊の書では、ルネッサンス当初は古典に対して示されていた恭しい讃嘆の態度とは打って変わり、「ローマに向かって行軍せよ、フランス人よ」という攻撃的なスローガンが掲げられ、古代からの文化的解放と自立、あるいはむしろそれに対する文化的支配が唱えられた。いまや「ガリアのヘラクレス」は、捕虜としての古代ギリシア・ローマ人を、パリへ引き連れてくるモデルにされた。他方、こういう風潮を、ドイツの画家デューラーは、「ガリクス・ヘルクレス（ヘラクレス）」として諷刺した。「ガリクス」は、「ガリアの」という意味だが、騒々しく鳴く鶏（ガルス）も連想させる。

「ガリアのヘラクレス」が持つ力を、言語による政治的支配力と見る観念は、王政後の共和制時代においても維持された。フランス革命後、指導者たちは、内政的統一のためにフランス語（パリ地方の言語）の普及を推し進め、低地ブルトン語等の少数言語を敵視したが、その際に、フランス語の国際的な普遍性という点を称揚した。彼らの主張では、世界の諸言語の中でフランス語は冠たる地位を占めている。女性とはイタリア語で、神とはスペイン語で、家畜とはドイツ語で話したというカール五世の逸話が引かれ、さらに英語は、楽園追放をもたらした悪魔の化身としての蛇の言語だと唱えられた。しかしフランス語は、その明瞭さのゆえに普遍性を持ち、理性的な人間の用いる言語であり、人類の自由と平等に最も寄与する言葉であるとされた。

ただ、王的なイメージと結合するヘラクレスの人気は、共和制時代になってからは後退していく。

まだ一八世紀末のコインには、「自由」と「平等」を抱くヘラクレスが刻まれていたが、その後、「自由」（「リベルテ」＝女性名詞）を表わす女性像が勝利を収め、今日に至っている。

2 「ベルサイユのとんがりくん」
――ヘラクレスに伍する現代日本アート

フランス人がこだわった言語による支配は、文化の力とつながっている。いまは政治的文脈から離れ、また一気に現代まで飛んで、ベルサイユ宮殿の「ヘラクレスの間」に飾られた村上隆の「とんがりくん」を取り上げ、現代日本アートの文化的野心について語ることにしよう。

英雄の神話に関係する芸術作品を展示する「ヘラクレスの間」は、フィレンツェにおけるメディツィ家の宮殿「パラッツォ・ヴェッキオ」に先例がある。有名な芸術家ヴァザーリが天井画を描いた（一五五八年）。ベルサイユの「ヘラクレスの間」はルイ十五世によって完成し、フランソワ・ル・モワヌの手で、天井いっぱいに、ヘラクレスの昇天場面が表現された（一七三六年）。

二〇一〇年のベルサイユ宮殿における展示会で、いくつかの村上作品が、あちこちの場所に置かれたが、「とんがりくん」は、約八メートルの巨大さで「ヘラクレスの間」の中央にそそり立ち、頭頂の突端が、昇天するヘラクレスや神々の躍動する天井のほうへ、真っすぐに伸びていた。「とんがりくん」が陽根を想わせることは否定されないだろう。村上には、以前から、「ときに不謹慎で、ときに陽気なまでにひわいな題材を扱う」(フランス通信社) 作品がいくつかある。こういう創作傾向が、フランスの保守的な人々の反感を買い、自国の文化への冒瀆だとして、展示会への反対運動も起こされた。ヘラクレスたちに向かってそそり立つ突起オブジェは、英雄が伝統的に手にしている棍棒を挑戦的に意識している。棍棒は、ギリシア古代から、男性力と男性器の象徴であった。例えば詩人レオニダスは、「腿の棍棒」という表現によってそのことを表わしている。また、ギリシア的美術様式の常として、ここには裸体のエロスが充満している。例えば、(天井画にはないが) ヘラクレスが巨人アンタイオスと格闘し、彼の肉体を絞めつけながら持ち上げている図には、ルネッサンス時代において、しばしば同性愛的な含みが与えられた。

しかし「とんがりくん」は、筋肉そのものの誇示にはなっていない。その腕は、細く、かよわい。だが頭部は巨大であり、胴体部も太い。現代アート的に多彩な着色によって、天井の古典的な絵画と新鮮な対照をなしている。

村上のアートがホモエロティックな表現になっているとまで言えるかどうかはともかく、少なくとも、西洋美術の殿堂とその歴史に捧げる敬愛をそれは示しているだろう。しかし同時に、現代アートによって大きく変容させられた日本的なヘラクレス像を、それは打ち立てる。天上へ伸び上がろうとするこの像は、古典的英雄の仲間に伍そうとしている。

3　現代のヘラクレス的狂気、人間の業としての「夢」

最近、アメリカなどで、ベトナムやアフガニスタンでの戦役から帰った元兵士が、ふだんは良き夫・父として接している家族に対し、突然凶器を揮って、悲惨な事件を起こす例が相次いでいる。すでに触れたが、こういう複合的な精神異常を「ヘラクレス・コンプレックス」と称することがある。より専門的に、こういうドメスチック・バイオレンスは、心的外傷後ストレス障害（ＰＴＳＤ）と称される症例に属するが、近年の欧米ではこれに深刻な関心が払われ、エウリピデスやセネカのヘラクレス劇が、現代の舞台でよく翻案上演される。

本書では、ヘラクレス神話を、うち続く不遇にもめげない男に託す普遍的な英雄願望の表現として、全体的にはポジティブな視線で見てきた。しかし、他方で、誇大妄想や暴力傾向をそこに指摘する醒めた見方も古くから行なわれている。上記のごとく、エウリピデスの『ヘラクレス』にもそれがうかがわれる。「われわれは、愚かなゆえに、天そのものを求める」と詩人ホラティウスは述べた。

ライリーによると、あるイギリスの劇批評家は、世界の舞台で、最近ギリシア悲劇がよく取り上げられる傾向に関連して、それを現代国際社会のテロリズムの風潮と結びつけながら、今日の劇場は、本能的に、「シェークスピアやショーではなく、ギリシア人たち（の劇）」に向かうのだ、と述べている。蜷川幸雄による『トロイアの女たち』の上演もその一例に挙げうる。これは、一つには、今日の国際社会における異民族間の憎悪と敵対、そしてそれに伴う残忍な暴力・殺害行為やその悲惨さが、国際的な大戦争（トロイア戦争）を題材としたギリシア劇に目を向けさせ、さらに、子供や女性が犠牲者として舞台上で脚光を浴びるという点が、関心を引き寄せるからである。

そういう観点からは、各地への征旅を繰り返したヘラクレスの神話も関連させうる。対オイカリアの戦争で、王たちを皆殺しにし、王女を捕虜として拉致した上、妻を―同時に自分をも―死に至らしめる。これを扱ったソポクレスの『トラキスの女たち（トラキニアイ）』が、現代文明の暴力性の批評のために上演される。この劇は、ヘラクレスを、権力に貪欲な野蛮な男として描いていると見られることがある。

ヘラクレス神話は、さらに、人間の業《ごう》とも言える神願望をまさに正面に打ち出している。芥川龍之介は、「エムペドクレスの伝を読み、みづから神としたい欲望の如何に古いものかを感じた」と述べて、若いころは彼も「みづから神にしたい一人だった」と回想している（『或旧友へ送る手記』）。哲学者エムペドクレス（エンペドクレス）は、シチリア・エトナ山の燃えさかる噴火口に飛びこんで、自ら神隠れしたという。ヘラクレスの焼死・昇天を思わせる。

芥川は、かつての自分の神願望を否定したが、今の人類は、むしろそういう「若い」願望を肯定し、強めつつあるように見える。最近、アメリカの若者たちが、合成マリファナによって、自分をキリストだと妄想する社会現象が報じられていた。薬物による空想は論外としても、医学の発展によって、将来は、寿命百年どころか、千年生きることもできるようになるという途轍もない発言を聞いたことがある。まさしく不死の者になろうとする人間たちである。そういう神願望は、ヘラクレスの神格化をめぐる標準神話版でお墨付きを与えられている。しかし、エウリピデスの劇を受けたセネカの『狂えるヘルクレス』（小川正廣訳）では、より戦いがいのある課題をつねに求め続ける英雄が、ユノ（＝ヘラ）の悪意的影響の下に、しかし同時に、彼自身の内部の促しにも駆りたてられながら、最後には狂的惑乱の中で、

わたしは大地を征服し、怒涛逆巻く海を鎮めた。奈落の王国もわたしの攻撃を蒙った。試していないのは天空だけ、―まさにアルケウスの孫にふさわしい仕事だ。わたしは空高く、世界の最上の空間へ昇っていくぞ。天上界を目指すのだ。天の星こそわたしの父が約束したもの

と口走る情景が描かれる。その後、彼自身の子供たちを、敵の子と見て惨殺する。誇大妄想、狂気、家族殺しの暴力が結合する。

イギリスやアメリカで、優秀な軍人、つまり人間の命を奪うのに長けた「殺し屋」が、戦場から帰還後、わが子や妻を強殺するという事件の精神医学的説明はいろいろありうるだろうが、そういう男がいったん狂的な興奮状態に陥ると、敵も味方も見境がつかなくなるともいう。ヘラクレスが、他の英雄や敵たちを次々倒すことで手に入れる天への切符は、そういう軍人たちの胸に掛かる勲章

に相当する。日本人にはこの悲劇はあまり切実には響かないかもしれないが、それは、これまでのところ日本が置かれてきた国際政治的状況によるところが大きいだろう。ドメスチック・バイオレンスは、現代の病である。エウリピデスの劇の主人公が自死を考えるように、それは自分自身に向けられることもある。王女イオレの略奪は、一種ストーカー的狂気に動かされている。狂えるヘラクレスという主題は、現代の舞台にふさわしい。

ネロ帝は、狂えるヘラクレスのロール・プレーをするのを好んだという。自ら寸劇で演じたらしい。しかし、それを「格好よい」と思ってしていたというよりも、彼自ら、英雄の狂気に憑依される自分の暗黒の内部を、慄然として見つめていたということではないか。あるいは、大地や海まで征服したと信じる英雄の想念は、われわれの持つ英雄願望が狂気と化す危険を表出する。しかし現代の人類は、じっさいにそれらを、いずれは征服してやろうと思っているのではないか。われわれを、権力や、経済的富裕や、長寿・永生への夢想がつねに駆り立てる。しかしまたわれわれは、自分でもコントロールしがたい、強大に過ぎる力を秘めているのかもしれない。「夢と不安」というより、人間の業としての「夢」にまつわる「不安」が、われわれの心を捉えることもあるだろう。エウリピデスやセネカの劇は、われわれの心の奥底とその暗部に目を向けるきっかけを与えてくれる。

付録　ルキアノス『ヘラクレス（ケルトの老英雄）』全訳

本文で論じたこの作品は、まだ邦訳が現われていないので、参考のためここに掲げる。

（1）ヘラクレスを、ケルトの人々は、土地の言葉でオグミオスと呼び、この神の姿をとても異様に描《か》き表わす。彼らにとっては、彼は、非常に年を取った神であり、頭は禿げ、残っている髪の毛は正真正銘の白髪である。肌は皺だらけで、しかも、海で働く老人のように真っ黒に日焼けしている。それはむしろカロン（黄泉の渡し守）か、タルタロス（黄泉の奥底）の底にいるイアペトス（ティタン神族）のような者に思われ、ヘラクレスとは似ても似つかないと見られるだろう。ところが、そういう者ではあっても、ヘラクレスの出《い》で立ちを彼はしているのである。ライオンの皮を被っているし、右手には棍棒を持ち、矢筒を肩に掛けていて、前に伸ばした左手には、弦を張った弓が見えている。こういう点では、彼は全くヘラクレスなのである。

（2）それでわたしは、ギリシアの神々を侮辱するために、そのような無法な仕打ちを、ケルト人たちがヘラクレスの姿に加えたのだと解した。かつて彼が、ゲリュオネスの家畜を求めて西方の多くの民を蹂躙《じゅうりん》したとき、彼らの国にもやって来て戦利品を取っていったので、この絵によって彼に復讐しようとしたのだ、と。

（3）とはいえ、その肖像でいちばん驚かせる点をわたしはまだ述べていなかった。その老人ヘラクレスは、たくさんの人間の群れを、その全員の耳につないだ紐で引いてゆくのである。その紐は、金と琥珀で作られた細い鎖であり、美しい首飾りに似ている。ところが、それほどに弱い紐で引っぱってゆかれる彼らは、容易にできそうなのに逃亡を企てることもせず、全く抵抗もしていないし、引かれまいと後《うしろ》のめりになって足を突っ張る、という様子も見せていない。むしろ陽気に、嬉々として従《つ》いてゆく彼らである。そして、引いてゆく彼を称賛しながら、全員が急ぎ足で歩き、先を争って進むので、その紐が垂れがちになっている。もし解放されたら、不満な顔を見せるだろうという態《てい》なのである。

その中でいちばん奇妙に思えたことも、躊躇《ちゅうちょ》せずに述べることにしよう。画家は紐の先をどこに付けるか窮した。神の右手にはすでに棍棒があり、左手には弓を握っているからだ。それで画家は、神の舌の先に孔《あな》をうがち、そこからあの人たちが引かれる紐が出ているようにしているのだ。神は振り返って、従いてくる彼らに微笑みかけている。

（4）こういうことを眺めながらわたしは長いこと立ち尽くし、驚き、当惑し、また怒っていた。すると、一人のケルト人が側に立った。ギリシア語を正確に話すことでも分かったように、われわれの

（ギリシア的）教養にも暗くはなく、また土地の事柄にもたぶん精通した男だったろう。彼は言った。「わたしがあなたに、異国の人よ、この絵の謎を説き明かしてあげましょう。これを見て、とても頭が混乱しておられるようですから。われわれケルト人は、あなたたちギリシア人のように、雄弁をヘルメスと同一視はしません。むしろ、ヘルメスよりずっと力のあるヘラクレスにそれを準《なぞら》えるのです。また、彼が老人にされているという点にも驚かないでください。雄弁だけは、老年においてまさしくその極致を実現するのがならいであるし、あなた方の詩人たちが真実を言っているとすれば、

若者の心は翻弄されやすい

のに対し、

老人は若者より知恵あることを言うことができる

のです。そのようにしてネストル（ギリシア軍の老将）の舌からも蜜が流れ出るし、トロイアの弁者たち（雄弁な老人たち）も、花のような声を発するというわけです。わたしの記憶が正しければ、その花はユリと称されています。

（5）ですから、耳に紐を付けられた人々を、老人ヘラクレスが自分の舌につないで引いてゆく、という点にも驚かないでほしいのです。耳と舌とは近縁関係にあることをご存じなのですから。また、その舌に孔があけられていることも、彼への侮辱ではありません。じっさいわたしは―とケル

ト人は言った―、あなた方の国の喜劇作家のイアンボス（短長）句を聞いて記憶しているのです、

口達者な者は、みな、

その舌先に孔があいている

と。

（6）要するに、ヘラクレスその人も、賢者になって、全てのことを雄弁によって成し遂げたのであり、その力ずくの業というものも、多くは説得によってなしたのであるとわれわれは考えているのです。また彼の矢とはその言葉のことでしょう。それは鋭く、狙いあやまたず、速く飛んでいって、人々の心を射当てます。言葉には翼があるとあなた方もおっしゃるとおりなのです。」

（7）これだけのことをそのケルト人は話した。わたしはというと、ここ（演説場所）までやって来て人々の前に姿を現わすことについて自問自答し、これほどの年になって、しかもとっくに演説の仕事をやめている身で、これだけの判定者たちを前に自分の力量を問うのはどうかと思い悩んでいたところ、あの絵のことがちょうどよいタイミングで想い出されたのである。それまではわたしは、こういう恐れを抱いていたのだ―あなた方の誰かが、わたしのこういう企てを、全く子供じみた、年に似ぬ血気のはやりと見るのではないか、そしてホメロスに出てくるような若者がわたしを詰《なじ》り、「お前の力は消え失せている」とか、「つらい老年がお前を」とらえてしまっているとか、わたしの脚をからかって、「従者も力弱く、馬たちものろい」とかと言うのではないか、と。だが、あ

の老人へラクレスのことを想い出すと、わたしは、何でもしてやろうと励まされ、あの肖像と同じ年頃なので、こういう企てを恥じる気持ちも消えるのだ。

（8）だから、力や速さや美しさなどの肉体的長所にはおさらばを言おう。そしてお前のエロス神は、テオスの詩人（アナクレオン）よ、わたしのごま塩のあごひげを見て、黄金色の翼を、そうしたければ、はばたかせて飛び過ぎるがよい。「ヒッポクレイデスは気にしない」（わたしは気にしない）だろう。それより、今こそその時期なのだから、雄弁によって、若さや華々しさや盛りの頂点に達し、できるだけ多くの人々を、耳を介して引き寄せ、何度も（言葉の矢を）射かけたいものだ―雄弁の矢筒が、気づかぬうちに、からになるという恐れはないのだから。

わたしが、自分の年令《とし》と老年を元気づけようとしていることは、よくお分りだろう。このためにわたしは、前からドックに入っていた船を引きずりおろし、その中に備わっていたもので艤装をしてから、ふたたび沖に出ようと大胆にも企てたのだ。だが、神々よ、あなた方は順風を吹き寄こしてほしい。今このときにこそわたしは、良い友になって帆を膨らましてくれる風を必要としているのだから。それにふさわしい人間であることを示せれば、誰かがわたしにもあのホメロスの句を言ってくれるだろうと願いつつ―

あの老人は、ぼろの下から、なんと立派な太ももを現わしていることかと。

日本語文献（邦訳書から引用した場合、それぞれの訳者の文を借用した。）

小沢俊夫『世界の民話』解説編、ぎょうせい、一九七八。

G・S・カーク『神話―その意味と機能』、内堀基光訳、社会思想社、一九七六。

J・キャンベル『千の顔を持つ英雄』、平田武靖、浅輪幸夫監訳、上・下、人文書院、一九八四。

F・キュモン『古代ローマの来世観』、小川英雄訳、平凡社、一九九六。

E・C・クールズ『ファロスの王国』、中務哲郎・久保田忠利・下田立行訳、二巻、岩波書店、一九八九。

鳥居フミ子『金太郎の誕生』、勉誠出版、二〇〇二。

M・バナール『黒いアテナ　古典文明のアフロ・アジア的ルーツ』、金井和子訳、II上、藤原書店、二〇〇四。

J・J・バハオーフェン『母権制』、吉原達也・平田公夫訳、上下、白水社、一九九三。

W・ブルケルト『ギリシャの神話と儀礼』、橋本隆夫訳、リブロポート、一九八五。

J・G・フレイザー『金枝篇』、神成利男訳、第二巻下、国書刊行会、二〇〇四。

柳田國男『桃太郎の誕生』、三省堂、一九三三。

吉田敦彦『昔話の考古学』、中央公論社、一九九二。

あとがき

ヘラクレスの生誕地と言われるテバイ（シーヴァ）に半日ほど寄ったことがあるが、歴史的遺跡はやはりほとんど見当たらなかった。アレクサンドロス大王に徹底的に破壊されるなど、破滅そして再建を繰り返した都市であり、アクロポリスの跡からは若干発掘品が出ているものの、まだ遺跡があるとしてもそのほとんどは現在の近代都市の地下に眠っているだろう。ヘラクレスの有名な神域がその付近にあったというエレクトラ門あたりにも行ったが、小高いその界隈には人家が立ち並ぶだけである。市のはずれを走る「ヘラクレス通り」というのがあるが、この近代的な大道は、英雄とはまずゆかりはない。市の中心部で、詩人ピンダロスの胸像を「ピンダロス通り」沿いに見つけたとき、その裏に回ると、「ヘラクレスの（像）」と落書きがしてあった。察するに、テバイの市民も、故郷の大英雄を偲ぶよすがに乏しいことを寂しく思っているのではないか。しかし、かりにヘラクレスは特定の地にはいなくとも、われわれ皆の心の中にいると言うべきである。「われわれの英雄」、あるいはわれわれのうちのヘラクレス的なものは、文化横断的なまなざしで見られることがふさわしい。この神話のギリシア的理解の解明に主力を注いでいるが、筆者の関心はそこにもある。

「ファルネーゼのヘラクレス」（ヘスペリデスの林檎（背中参照）を得て休息する英雄。前320年頃、リュシッポス（前４世紀）原作のローマ時代コピー。ファルネーゼ家（イタリア・ラチオ州）旧蔵品、現ナポリ国立美術館）

しかし、小著ながら、本書を仕上げるのにはかなり苦闘を強いられた。途中で何度も立ち止まりながら、繰り返し書き直さざるをえなかった。スタッフォードの『ヘラクレス』が、ずいぶん前から予告されていたのに、やっと最近刊行されたというのも、似た事情によるのではないか。古来、ヘラクレス神話全体をまとめることは、ヘラクレス的難業だと言われる。ブルケルトは、ヘラクレス研究は一生の仕事になるだろうとまで述べている。筆者にはそれほどの覚悟はないので、これで一区切りとしたい。

とはいえ、本文ではあまり触れなかったが、「われわれの英雄」は、決していつも働きづめだったわけではない。有名な「ファルネーゼのヘラクレス」像は、ヘスペリデスの園で黄金の林檎を手に入れたあと、しばし自分の棍棒に寄りかかって休んでいる英雄を描いている。そのように「休息するヘラクレス」の像は、ほかにも多く造られた。しかも、筋骨隆々たるファルネーゼ像的というより、われわれ一般人と同じ体格の像が少なくない。疲れたら休め、それからまた進むがよいと、そういう像は語っているようである。「疲れた表情」の観音や、嘆きのマリア（ピエタ）の像と比べうる。人間が、自分で自分を励ます神話が、ヘラクレスの物語である。

もうかなり前のことだが、筆者はエウリピデスの『ヘラクレス』を訳したことがあり、さらに、同郷出身のこの英雄をしきりに謳い上げる詩人ピンダロスの訳集も出した。そういう縁もあり、もともとギリシア文化にとって重要な超英雄であるから、ヘラクレスに関する一書を何か著わしてみたいという気持ちは以前からあったが、極端な怠惰癖もあって、延び延びになっていた。やっとそれを実現させるに当っては、大阪大学出版会出版委員の先生方に有益な助言を頂いた。また編集部・岩谷美也子氏の適切で率直なご意見の数々にも大いに助けられた。ここに心からの謝辞を記したい。

内田　次信

内田次信（うちだ・つぐのぶ）
1952年生まれ。京都大学大学院文学研究科修了（西洋古典文学専攻）。
現在、大阪大学大学院文学研究科教授（文芸学研究室）。
西洋古典やギリシア神話関連の論文のほかに、訳書として、エウリピデス『ヘラクレス』(『ギリシア悲劇全集6』、岩波書店)、『ルキアノス選集』(国文社)、ピンダロス『祝勝歌集／断片選』(京都大学学術出版会)、ピロストラトス『英雄が語るトロイア戦争』(平凡社)、アリストパネス『蛙』(『ギリシア喜劇全集3』、岩波書店)、ディオン・クリュソストモス『トロイア陥落せず』(京都大学学術出版会)、プルタルコス／ヘラクレイトス『古代ホメロス論集』(京都大学学術出版会)、その他がある。

阪大リーブル47

ヘラクレスは繰り返し現われる
―夢と不安のギリシア神話―

発行日　2014年3月28日　初版第1刷　〔検印廃止〕

著　者　内田次信

発行所　大阪大学出版会
代表者　三成賢次
〒565-0871
大阪府吹田市山田丘2-7　大阪大学ウエストフロント
電話：06-6877-1614（直通）　FAX：06-6877-1617
URL　http://www.osaka-up.or.jp

印刷・製本　株式会社 遊文舎

ISBN 978-4-87259-429-4　C1314

HANDAI Live

阪大リーブル

001 **ピアノはいつピアノになったか？** （付録CD「歴史的ピアノの音」） 伊東信宏 編　定価 本体1700円+税

002 **日本文学　二重の顔** 〈成る〉ことの詩学へ　荒木浩 著　定価 本体2000円+税

003 **超高齢社会は高齢者が支える** 年齢差別《エイジズム》を超えて創造的老い《プロダクティブエイジング》へ　藤田綾子 著　定価 本体1600円+税

004 **ドイツ文化史への招待** 芸術と社会のあいだ　三谷研爾 編　定価 本体2000円+税

005 **猫に紅茶を** 生活に刻まれたオーストラリアの歴史　藤川隆男 著　定価 本体1700円+税

006 **失われた風景を求めて** 災害と復興、そして景観　鳴海邦碩・小浦久子 著　定価 本体1800円+税

007 **医学がヒーローであった頃** ポリオとの闘いにみるアメリカと日本　小野啓郎 著　定価 本体1700円+税

008 **歴史学のフロンティア** 地域から問い直す国民国家史観　秋田茂・桃木至朗 編　定価 本体2000円+税

009 懐徳堂 **墨の道　印の宇宙** 懐徳堂の美と学問　湯浅邦弘 著　定価 本体1700円+税

010 **ロシア　祈りの大地** 津久井定雄・有宗昌子 編　定価 本体2100円+税

011 懐徳堂 **江戸時代の親孝行** 湯浅邦弘 編著　定価 本体1800円+税

012 **能苑逍遥(上)　世阿弥を歩く** 天野文雄 著　定価 本体2100円+税

013 **わかる歴史・面白い歴史・役に立つ歴史** 歴史学と歴史教育の再生をめざして　桃木至朗 著　定価 本体2000円+税

014 **芸術と福祉** アーティストとしての人間　藤田治彦 編　定価 本体2200円+税

015 **主婦になったパリのブルジョワ女性たち** 一〇〇年前の新聞・雑誌から読み解く　松田祐子 著　定価 本体2100円+税

016 **医療技術と器具の社会史** 聴診器と顕微鏡をめぐる文化　山中浩司 著　定価 本体2200円+税

017 **能苑逍遥(中)　能という演劇を歩く** 天野文雄 著　定価 本体2100円+税

018 **太陽光が育くむ地球のエネルギー** 光合成から光発電へ　濱川圭弘・太和田善久 編著　定価 本体1600円+税

019 **能苑逍遥(下)　能の歴史を歩く** 天野文雄 著　定価 本体2100円+税

020 懐徳堂 **市民大学の誕生** 大坂学問所懐徳堂の再興　竹田健二 著　定価 本体2000円+税

021 **古代語の謎を解く** 蜂矢真郷 著　定価 本体2300円+税

022 **地球人として誇れる日本をめざして** 日米関係からの洞察と提言　松田武 著　定価 本体1800円+税

023 **フランス表象文化史** 美のモニュメント　和田章男 著　定価 本体2000円+税

024 懐徳堂 **漢学と洋学** 伝統と新知識のはざまで　岸田知子 著　定価 本体1700円+税

025 **ベルリン・歴史の旅** 都市空間に刻まれた変容の歴史　平田達治 著　定価 本体2200円+税

026 **下痢、ストレスは腸にくる** 石蔵文信 著　定価 本体1300円+税

027 **くすりの話** セルフメディケーションのための　那須正夫 著　定価 本体1100円+税

028 **格差をこえる学校づくり** 関西の挑戦　志水宏吉 編　定価 本体2000円+税

029 **リン資源枯渇危機とはなにか** リンはいのちの元素　大竹久夫 編著　定価 本体1700円+税

030 **実況《ライブ》・料理生物学** 小倉明彦 著　定価 本体1700円+税

031
夫源病
こんなアタシに誰がした
石蔵文信 著
定価 本体1300円+税

032
ああ、誰がシャガールを理解したでしょうか？ CD付
二つの世界間を生き延びたイディッシュ文化の末裔
圀府寺司 編著
定価 本体2000円+税

033
懐徳堂
懐徳堂ゆかりの絵画
奥平俊六 編著
定価 本体2000円+税

034
試練と成熟
自己変容の哲学
中岡成文 著
定価 本体1900円+税

035
ひとり親家庭を支援するために
その現実から支援策を学ぶ
神原文子 編著
定価 本体1900円+税

036
知財インテリジェンス
知識経済社会を生き抜く基本教養
玉井誠一郎 著
定価 本体2000円+税

037
幕末鼓笛隊
土着化する西洋音楽
奥中康人 著
定価 本体1900円+税

038
ヨーゼフ・ラスカと宝塚交響楽団
（付録CD「ヨーゼフ・ラスカの音楽」）
根岸一美 著
定価 本体2000円+税

039
上田秋成
絆としての文芸
飯倉洋一 著
定価 本体2000円+税

040
フランス児童文学のファンタジー
石澤小枝子・高岡厚子・竹田順子 著
定価 本体2200円+税

041
東アジア新世紀
リゾーム型システムの生成
河森正人 著
定価 本体1900円+税

042
芸術と脳
絵画と文学、時間と空間の脳科学
近藤寿人 編
定価 本体2200円+税

043
グローバル社会のコミュニティ防災
多文化共生のさきに
吉富志津代 著
定価 本体1700円+税

044
グローバルヒストリーと帝国
秋田茂・桃木至朗 編
定価 本体2100円+税

045
屏風をひらくとき
どこからでも読める日本絵画史入門
奥平俊六 著
定価 本体2100円+税

046
アメリカ文化のサプリメント
多面国家のイメージと現実
森岡裕一 著
定価 本体2100円+税

（四六判並製カバー装。以下続刊）